Alfred Komarek

Osterreich von innen: Semmering

Auflage:
4 3 2 1
2015 2014 2013 2012

HAYMON verlag
Innsbruck-Wien
www.haymonverlag.at

ISBN 978-3-7099-7001-0

Umschlag- und Buchgestaltung, Satz:
hœretzeder grafische gestaltung, Scheffau/Tirol
Coverfoto: Franz Zwickl
Bildnachweis:
Sammlung Hans Payr, Semmering: Seite 15, 16, 61, 99 (oben und unten), 121 (oben und unten), 137, 138 (oben und unten).
Sammlung Norbert Toplitsch, Payerbach: Seite 9 (oben), 22/23, 37, 38, 65, 73, 74, 85, 104, 152, 157, 158, 161.
Ghega-Ausstellung im Bahnhof Semmering: Seite 112.
Hans Stix, Schottwien: Seite 12.
Alfred Komarek, Wien: Seite 3, 9 (unten), 19, 26, 31, 34, 41, 45, 46, 53, 62 (oben und unten), 66, 80, 90, 96, 107, 117, 118, 122 (oben und unten), 125, 130, 141, 142 (oben und unten), 145, 149, 169, 170, 173, 174, 177, 178, 181.
Renate Stockreiter, Wien: Seite 6.

Gedruckt auf umweltfreundlichem,
chlor- und säurefrei gebleichtem Papier.

Zeitreise

Manchmal laufen mir Dinge zu. Die altertümliche Gerätschaft, von der ich berichten will, ist mir im Internet begegnet. Offensichtlich war die Möglichkeit der Nutzanwendung im Laufe von gut hundert Jahren bis auf einen kleinen, wenn auch charmanten Rest geschwunden, die vordem silberne Oberfläche war kaum noch zu erahnen, aber da gab es auch einen trotzigen Anflug von Luxus. So etwas gefällt mir. Ich habe das gute Stück, einen Zündholzschachtelhalter, demnach um zwei Euro und dreiunddreißig Cent erstanden.

Die Notwendigkeit, eine Zündholzschachtel mit einer mehr oder weniger sinnreichen Vorrichtung zu halten, bereit zu stellen, ja, zu präsentieren, ist natürlich von gestern. Aber es kann nicht schaden, sich einer feierlichen Umständlichkeit zu erinnern, verbunden mit beiläufiger Eleganz: Das Zündholz wird aus der oben offenen Schachtel genommen, an der willfährig dargebotenen Reibfläche entflammt und endlich in einer sanft gewölbten Mulde abgelegt, wo

Holz und Eisen waren auf dem Semmering einander meist so verbunden, wie es der gesellschaftlichen Wirklichkeit der Jahrhundertwende entsprach: kunstvoll verspielt und der Oberfläche verhaftet.

es erlischt und verglüht, ohne Schaden anzurichten. Nur eine Hand ist vonnöten, für eine kleine, dienstbare Flamme, aus der alles werden kann: Tabakglut, der Weltenbrand, was auch immer.

Dies bedenkend habe ich meinen neuen Einrichtungsgegenstand näher betrachtet, und schon fing er an, von sich zu erzählen: „Erzherzog Johann, Semmering" war da zu lesen ... das Grandhotel auf der Passhöhe also, 1899 eröffnet, 1945 abgebrannt. „Modernes Haus für die vornehme Welt" hatte ein Werbeplakat versprochen. Modern waren die Zentralheizung, eigenes Hochquellenwasser, elektrische Beleuchtung und Telefon. Die vornehme Welt hingegen spiegelte sich vielfach gebrochen und changierend in Architektur und Dekor der Herren Fellner & Helmer wider. Alpenländische Frührenaissance spielte ungeniert mit Tiroler oder auch fränkischen Vorbildern, gezimmerte Veranden mit Laubsägeornamenten wurden dem am Semmering mittlerweile etablierten Heimatstil gerecht, und ein paar altdeutsche Elemente durften auch nicht fehlen: ein Palast mithin, der im Grunde genommen eine Burg war, aber auch ein aus den Fugen geratener Bauernhof, reich verziert jedenfalls. Als drittes großes Haus neben den mächtigen Polen Panhans und Südbahnhotel war das Erzherzog Johann nicht ganz so mondän, nicht so märchenhaft verspielt, aber doch ein gediegenes, komfortables Gebäude mit Salons für Konversation, Musik oder Korrespondenz und einem großstädtischen Kaffeehaus für Gäste aus aller Welt.

Ich frage mich, wo mein Zündholzschachtelhalter Dienst getan hat, und wer sich seiner bediente. Jedenfalls ist anzunehmen, dass er von Beginn an bis zum Ende mit dabei war, wenn auch von inferiorer Bedeutung: knapp fünf Jahrzehnte Hotelgeschichte angesichts tiefgreifender, auch dramatischer Veränderungen ringsum.

An der Wende zum 20. Jahrhundert hatte das faszinierend neue „Hoch Wien“ auf dem Semmering fast schon so etwas wie Tradition. Gleichzeitig blieb kein Stein auf dem anderen. Schon 1854 war mit der Semmeringbahn eine Entwicklung ganz im konkreten Sinne des Wortes ins Rollen gekommen, mit der Landschaft als Zukunftsprojekt definiert wurde.

Durch Jahrhunderte war die Lust an der Natur in kunstvoll gestalteter Umgebung dem Adel vorbehalten gewesen. Aufklärung und Romantik erweiterten den Blick über die Grenzen der aristokratischen Lebenswelt hinaus und öffneten auch bürgerlichen Kreisen neue Bereiche des Schauens, des Erfahrens und Empfindens. Mit dem Ende der feudalen Grundherrschaft gehörte die Welt plötzlich allen, die sich die Welt leisten konnten. Der einigermaßen etablierten Mittelschicht blieb die Sommerfrische, reiche Städter erwarben Grundbesitz in den schönsten Lagen.

Die Bahnstation Semmering bedeutete in den ersten Jahren für die meisten Reisenden nur einen

Die künstlerisch überhöhte Weinzettelwand und die Viadukte über die Krauselklause und die Kalte Rinne (das Motiv der alten Zwanzig-Schilling-Note) verbindet eine Idee: Technik und Landschaft als Gesamtkunstwerk.

kurzen Aufenthalt, während die Lokomotive mit Wasser befüllt wurde. Immerhin gab es schon damals gleich nebenan das Wirtshaus zum Semmeringbauer und auf der Passhöhe den Einkehrgasthof zum Erzherzog Johann. Als das Hotel gleichen Namens eröffnet wurde, stand auf dem Semmering längst eine vormals elitäre Villensiedlung, die sich nach und nach zum allgemeinen Reiseziel und Kurort entwickelt hatte. In den neuen Herbergen fanden auch jene Unterkunft, die sich kein eigenes Domizil im Grünen leisten konnten oder wollten. Am Anfang stand das Hotel Semmering, groß, einer Kaserne recht ähnlich, aber gut gebucht. Daraus entstand das Märchenschloss Südbahnhotel. Diese Entwicklung regte einen Mann, der als Koch im Hotel Semmering recht gut verdient hatte, zu eigenen Initiativen an. Vinzenz Panhans ließ ein Haus mit 44 Fremdenzimmern errichten, und sein Neffe Franz ruhte nicht eher, bis es 400 Fremdenzimmer waren, ach was, Fremdenzimmer, intime Residenzen. Peter Rosegger notierte: „Hier ist es den armen Reichen, die manchmal nicht wissen, für was sie sich entscheiden sollen, möglich, Salon und Kuhstall, Seide und Loden, Sekt und Ziegenmilch nebeneinander zu genießen.“

Salon und Kuhstall, Seide und Loden, Sekt und Ziegenmilch nebeneinander …

Auch die Straße über den Semmering hatte sich gewandelt. Schon 1728 war sie unter Karl VI. zu einem

Verkehrsweg geworden, der weitgehend seine Schrecken verloren hatte – zumindest als „Commercialstraße“, während die Bezeichnung „Kriegsstraße“ nach wie vor zu düsteren Ahnungen Anlass bot. Ihr folgten 1841 die Serpentinen der neuen Semmeringstraße, anfangs von großer Bedeutung für Handel und Verkehr, dann von der Eisenbahn ins Abseits gedrängt, bis die ersten Kraftfahrer in ihr ein alpines Lustrevier erblickten.

Als das Hotel Erzherzog Johann eröffnet wurde, bot es sich gleich einmal als idealer Zielpunkt des ersten Automobil- und Motorradrennens von Schottwien auf die Passhöhe des Semmering an. Da wär ich gerne dabei gewesen, als alter Autonarr. Na ja, 1899 war es eigentlich noch kein richtiges Rennen, schon eher ein Ausflug mit abschließender Wettfahrt, veranstaltet von dem zwei Jahre zuvor gegründeten Österreichischen Auomobil-Club. Der prominenteste Teilnehmer war damals Graf Kielmansegg, jener Statthalter von Niederösterreich, der bekanntermaßen per Erlass dem unliebsamen Brauch von Kindern Einhalt gebot, Steine auf Autos zu werfen. Der Herr Graf hatte natürlich im besten Auto Platz genommen, einem Daimler mit immerhin 24 Pferdestärken. Das Prachtstück wurde von jenem Konsul Emil Jellinek gesteuert, der später mit seinem Jellinek-Mercedes die Tradition einer nicht ganz unbekannten Marke begründete. Dennoch war ein anderer schneller: Arnold Spitz, ein österreichischer Auto-

*Das Semmeringrennen: Rasende Räder, furiose Serpentinen ...
der Künstler und Gemischtwarenhändler Hans Stix aus Schottwien war fasziniert. Mehr davon später.
Bild unten: Der Sieger von 1939, Hermann Lang, auf Mercedes-Benz 3.*

pionier reinsten Wassers, raste mit seinem De Dion & Bouton Dreirad in nur 22 Minuten und 1 Sekunde ans Ziel und erreichte damit eine Durchschnittsgeschwindigkeit von 26 km/h.

So richtig los ging's allerdings erst im Jahr darauf. Ein gewisser Ferdinand Porsche startete damals mit einer sensationellen Neukonstruktion: Ein Benzinmotor versorgte die Elektromotoren in den Vorderrädern mit Strom. Porsche blieb schmählich mit einem Reifenschaden liegen und rief den vorbei eilenden Herren Jellinek und Kielmansegg elegisch zu: „Wäre der Wagen doch lieber mit mir in den Abgrund geflogen." Am schnellsten war wieder einmal das De Dion Dreirad.

Heute macht sich auch auf dem Semmering die Autobahn wichtig und die Autos sind groß und stark und schnell und langweilig, statt aufregend schräg.

Ich habe die Semmeringstraße als Student in den späten 60er Jahren kennengelernt und für meinen Teil auch mit einiger Kühnheit befahren. Das galt vor allem für die Talfahrt Richtung Wien. Mein erstes Auto, eine Ente, war mit 12 PS nicht eben übermotorisiert und bergan ging es sehr gemächlich dahin. Aber dann! Meines Wissens gab und gibt es kein zweites Auto, das die Bezwingung von Serpentinen in so extremer Schräglage zulässt. Vorbei, ach vorbei. Heute macht sich auch auf dem Semmering die Autobahn wichtig und die Autos sind groß und stark und schnell und langweilig, statt aufregend schräg.

Zurück also zum Wettstreit der Boliden 1899. Mit ihm stand das „Erzherzog Johann“ als neue Nobelherberge auch für eine moderne Spielart nunmehr gesellschaftsfähigen Zeitvertreibs. Manchen mochte es ja nach wie vor genügen, gezierten Schrittes zwischen Südbahnhotel und Panhans zu flanieren und jene seltsamen Gestalten, die sich mit Rucksack und Lodenhose auf lichten Bergeshöhen sittlich einwandfreiem Hüttenzauber, Gesang und Zitherspiel widmeten, verstanden sich darauf, bergauf oder bergab zu gehen, nicht aber mit der Zeit. Letzteres blieb der vornehmen Avantgarde modernen Lebensstils vorbehalten. Das Hotel Erzherzog Johann entwickelte sich in den folgenden Jahren – auch durch die Lage am Fuß des Hirschenkogels begünstigt – rasch zu einem Haus mit sportlicher Note. Die alte Semmeringstraße bot sich als Schlittenbahn an, es gab Gelegenheit zum Schlittschuhlauf und Curling, und vom Sonnwendstein führte eine wahrlich kühn zu nennende Bobbahn in neun Kehren zum Semmeringsattel. Aber auch der noch junge Schisport fand seine ersten Anhänger und – man staune – Anhängerinnen, die sich mit der bangen Frage konfrontiert sahen, ob sie nun mit dem Rock über der Schihose oder nur mit Hose modisch auf der Höhe der Zeit waren. Ein dermaßen freizügiger Umgang mit tradierten Konventionen fiel auf der Schipiste natürlich

Wintersport, hoffähig: Resa Hansy, die Frau des viel gepriesenen Kurhausdirektors Dr. Franz Hansy, gibt Unterricht in der schneidigen Kunst des Bobfahrens. Ihr vergnügter Schüler ist Erzherzog Karl Franz Josef, der spätere Kaiser.

Wintersport, modisch: Korsett und vornehme Blässe waren von gestern. „Es war der neue Mut, die neue Kühnheit der Menschen, die sie verwegener machte, ja man schämt sich, ängstlich zu sein", schrieb Stefan Zweig.

leichter als in den Salons. Aber auch dort rumorte es gewaltig im gesellschaftlichen Gefüge der Jahrhundertwende. Vor dem Hintergrund wirtschaftlicher Umwälzungen und technischer Neuerungen vollzog sich auch ein Wandel in Architektur und Kunst. Adolf Loos setzte dem Ornament konsequent puristische Sachlichkeit entgegen, Gustav Klimt, der wichtigste Maler des Wiener Jugendstils, stieß mit seinen Werken vielfach auf Unverständnis oder blankes Entsetzen, das nur noch von der Entrüstung übertroffen wurde, die den Expressionisten entgegenschlug. Oskar Kokoschka und Egon Schiele waren für das offizielle Österreich Ausgeburten schamloser Dekadenz.

Auch die Österreichische Literatur der ersten Jahrzehnte des 20. Jahrhunderts setzte zu einem dynamischen, facettenreichen Neubeginn an, dessen Wesen zwischen Lustgewinn und Untergangsstimmung Hermann Broch als „fröhliche Apokalypse“ beschreibt. Hugo von Hofmannsthal brachte die Ambivalenz der neuen Literaturszene auf den Punkt, indem er selbstkritisch anmerkte: „Modern sind alte Möbel und junge Nervositäten“. Arthur Schnitzler setzte seine Sprache wie ein Skalpell an die Scheinwelt der dem Untergang geweihten Gesellschaft des Fin de Siecle, legte mit leichter, frivoler Eleganz tragische Innenwelten bloß. Karl Kraus trug in seinem Monumentalwerk „Die letzten Tage der Menschheit“ den Mythos der Habsburgermonarchie mit ethischem Pathos und bitterer Satire zu Grabe, Anton Kuh, sein brillanter Widersacher, sah als Journalist und „geistiger Gelegenheitsarbeiter“ das alte Kaiserreich zerbrechen, Egon Friedell, Alfred Polgar, Peter Altenberg – sie schauten gemeinsam über den Rand ihrer Moccatassen hinweg der Monarchie beim Sterben zu. Und alle, fast alle, waren irgendwann oder auch sehr häufig auf dem Semmering. Intellektuelle, Künstler, Mächtige und Reiche bespielten gemeinsam die Bühnen der Hotelterrassen und Salons. Avantgarde, biederes Bürgertum und aristokratischer Dünkel fügten sich wie selbstverständlich in den romantisch-dramatischen Naturrahmen von Rax und Schneeberg.

Die Nachricht von den Schüssen in Sarajewo erreichte das Haus Habsburg in der Sommerfrische. Kaiser Franz Joseph weilte entspannt in Bad Ischl und Erzherzog Karl erfuhr in Reichenau, in der Villa Wartholz, vom Tod seines Onkels. Karl war nunmehr Thronfolger. Nach dem Tod Franz Josephs wurde Schloss Wartholz demnach zur Sommerresidenz des letzten regierenden Habsburgers. Hier, weit weg vom Kriegsgeschehen und zwischen deprimierenden Frontbesuchen machte es noch Freude, Kaiser zu sein. Karl verteilte Orden, empfing Besucher aus aller Welt und erörterte, leichten Schrittes durch den Schlosspark wandelnd, die politische Lage.

Indes hatten sich die bedrohlichen Konturen der Zeitenwende oben auf der Passhöhe schon Jahre

Die Panhans-Anstecknadel bringt die vornehme Welt und das sportliche Leben auf einen Nenner.

zuvor zunehmend schärfer abgezeichnet. 1913 war Franz Panhans im Alter von nur 43 Jahren gestorben. Er hatte das Hotel Erzherzog Johann von Viktor Silberer gepachtet und dann gekauft, vor allem aber jenen riesigen Hotelpalast erbauen lassen, der seinen Namen trug. Als man Franz Panhans beerdigte, wurden die letzten Gerüste von der 300 Meter langen Fassade entfernt.

Nach wenigen sehr erfolgreichen Jahren schuf der Ausbruch des Ersten Weltkrieges eine völlig neue Situation. In den großen Hotels feierten vorerst Schieber und Kriegsgewinnler ihren dubiosen Reichtum, nachzulesen in „Die letzten Tage der Menschheit":

„Alt: Ein erstklassiges Abendglühen. Schauts euch den Generaldirektor an am Fenster, sein Gesicht glänzt.

Dangl [Anm.: Der Bürgermeister von Breitenstein/ Semmering] (kommt atemlos): Meine verehrten Gäste, soeben ist aus Wien telephoniert worn, Durazzo is gfalln – große Erfolge bei Verdun."

Doch bald blieben viele Zimmer leer.

In den frühen 20er Jahren kehrte auf dem Semmering bedrohliche Stille ein. Mit dem vornehmen Leben einer relativ homogenen Gesellschaft war es für immer vorbei. Nur wenige Reiche konnten es sich leisten, dies nicht zur Kenntnis zu nehmen. Andere trugen es gelassen, weil Außenseitertum und stete Veränderung seit jeher Prinzip ihres Lebens war. So schrieb der Jurist und Schriftsteller Raoul Auernheimer an Arthur Schnitzler: „Die Entvölkerung des Hinterlands macht sich hier nicht eben unangenehm bemerkbar. Das Hotel ist dreiviertelleer; auf den Waldwegen begegnet man ab und zu einem jungen Armeelieferanten, der meist ein böses Gewissen und eine hübsche Gefährtin hat."

Die großen Hotels, schon totgesagt, schwebten unbehelligt wie gleißende Raumschiffe durch ein dunkles Universum.

In den neuen Tanzcafés wurde ausgelassen der Verfall der Sitten gefeiert, in kleinen Privathäusern und Pensionen nistete sich bescheidene Behaglichkeit ein, und unter freiem Himmel stiegen sonnengebräunte und windgegerbte Naturmenschen gipfelwärts, voll Verachtung für die dekadente Welt der Grandhotels, ihren längst fadenscheinig gewordenen Luxus, käuflich, mehr denn je, wie auch die zunehmende Hotelprostitution belegte. Immer deutlicher präsentierten sich die Grandhotels als Anachronismen.

Aber gegen Ende der 20er Jahre stiegen die Nächtigungszahlen wieder deutlich. In den Hotels wohnte jetzt neben ein paar betuchten Rest-Österreichern die Oberschicht aus der Tschechoslowakei, Mähren und Ungarn.

In den 30er Jahren war der Semmering wieder einmal ausgebucht: ein grelles, schrilles Aufbegehren nach Krise und Inflation. Die großen Hotels, schon totgesagt, schwebten unbehelligt wie gleißende Raumschiffe durch ein dunkles Universum, geschützte Parallel-Welten, in denen nicht einmal der stets latent vorhanden gewesene und nun aufkeimende Antisemitismus stören durfte.

Die harte Landung ließ nicht lange auf sich warten.

Als das Hotel Erzherzog Johann kurz nach dem Ende des zweiten Weltkrieges Feuer fing, wüteten die Flammen ungestört, es gab ja keine einigermaßen funktionierende Feuerwehr. Ich möchte wissen, wie es meinem Zündholzschachtelhalter dabei erging. Vielleicht ist er ja schon zuvor verkauft worden, angesichts fortschreitender Schäbigkeit. Eigentlich muss es noch mehr von seiner Sorte

Das Hotel Semmering mit der Aussicht auf die Rax

Aus der Schöpfungsgeschichte des Semmering: Am Anfang war der Wiener Hofbildhauer Franz Schönthaler. Nebst Familie umspielt er das erste Hotel Semmering der fortan bestimmenden Südbahn-Gesellschaft.

geben, auch andere Überreste, Geschirr, Besteck ... Wie auch immer: Schon 1955 kam Leben in die Ruine. Die Dschungelbar sperrte auf. Dröhnende Bässe aus der Musikbox statt feiner Wohlklang aus dem Musiksalon, bald auch die ersten Jeans, die ersten Miniröcke, junge Leute auf der Suche nach Ablenkung vom tristen Alltag, Lastkraftwagenfahrer noch fern der Autobahn. Dann kam ein Wiener Investor der abenteuerlichen Sorte des Weges. Er sorgte für den Rohbau eines riesigen Hotelkomplexes und mit seinem Bankrott für eine Bauruine. Endlich ließ der Inhaber einer Tankstellenkette jenes Gebäude errichten, das noch immer zu sehen ist, einen frühen Vorgänger der Ungeheuer, die heute mit unentrinnbarer Gastlichkeit an den Autobahnen hocken. Immerhin trug das neue Haus den alten Namen Erzherzog Johann, fristete einige Jahre als Rasthaus und Unterkunft eine eher lustlose Existenz, hieß dann Olympia, weil der rapid verarmende neue Eigentümer ein Grieche war, und ist derzeit in ukrainischer Hand, wie man so hört. Aber es tut sich nichts, und nichts ist viel zu wenig für eine so prominente Adresse. Das bekümmert die Gemeinde Spital, weil das Haus in der Steiermark steht, dicht an der Landesgrenze, und die Gemeinde Semmering ist nicht minder betroffen, weil das Hotel Erzherzog Johann auch zu ihrer Geschichte gehört.

Anreise

Helmut Qualtinger hat diesen bedeutungsschweren Satz geschrieben: „Wer nicht mit der Fritzi Kircheck an einem Sonntagnachmittag im Oktober mit einem Austro-Daimler durch die Neunkirchner Allee gefahren ist, der weiß nicht, was Österreich einmal war." Ich weiß jedenfalls nicht, wer Fritzi Kircheck war, wenn sie je gewesen ist. Aber ich stelle sie mir als eine Art Luise Trenker der Landstraße vor: sehnig die Gestalt, herb-frisch das Antlitz, mit je einem Tupfer Benzin hinter den Ohren. Mit dem Austro-Daimler kann ich schon eher etwas anfangen. Wie ich Mitzi Kircheck einschätze, muss es der 1923 gebaute ADM gewesen sein, ein endlos langes Cabrio von arroganter Eleganz. Ja, und die Neunkirchner Allee ... bis zum Bau der Autobahn war sie das längste gerade Straßenstück Österreichs. Es gibt ja auch keinen Grund für Kurven: das Steinfeld ist eine weite Ebene, gebaut aus Schotter aus dem Gebiet von Rax und Schneeberg. Wasser versickert hier ungehindert und starker Wind fördert die

In Payerbach gehört die Schwarza noch heute wie damals zur Welt der Sommerfrische. Ein paar Kilometer weiter wird sie, fernab vom angestammten Flussbett, in den Dienst der Energiewirtschaft gezwungen.

Trockenheit noch mehr. Doch Maria Theresia, nie um guten Rat verlegen, wenn es um Fruchtbarkeit ging, ließ hier bedürfnislose Rotföhren und Weißkiefern anpflanzen.

Seit ein paar Jahren verhindert ein Kreisverkehr auf halber Strecke allzu rasantes Vorwärtsstreben und wenig später liegen wohl ein paar Sekunden der Besinnung nahe: Linker Hand kommt eine ausgedehnte Biomüll-Verwertungsanlange ins Bild, rechter Hand, direkt gegenüber, die „Eros Bar". Wer mag, wird womöglich einen tieferen Sinn in dieser Nachbarschaft finden.

Moralisch unbedenklich präsentiert sich in der Folge ein Denkmal, das der Landvermessung gewidmet ist. 1762 und in den folgenden Jahren wurde just in diesem Bereich mit der ersten geodätischen Basismessung Österreichs und Ungarns begonnen.

Natürlich könnte man mit Hilfe der Autobahn die Neunkirchner Allee rechts liegen lassen, aber es liegt ja doch nahe, sich einem Lebensraum wie dem Semmering nicht in öder Direktheit zu nähern. Da gehört schon auch das Biotop dazu, in dem alles gewachsen und geworden ist – kompliziert genug, weiß Gott.

Ist Neunkirchen erreicht, wird die Ebene zum Tal, zum Schwarzatal. Das Namen gebende Flüsschen bringt übrigens zwischen dem Ursprung am Rohrer Sattel und der Mündung in die Leitha recht abwechslungsreiche 78 Kilometer hinter sich. Eingeklemmt zwischen Schneeberg und Rax durcheilt es das Einzugsgebiet der Ersten Wiener Hochquellenwasserleitung, fädelt hell und heiter die Sommerfrischen Reichenau und Payerbach auf, treibt in der Folge Kleinwasserkraftwerke an, und breitet sich, beinah versickernd, in behäbigen Mäandern im Steinfeld aus, um sich endlich als Rinnsal bis zur Mündung durchzukämpfen, weil das meiste Wasser bei Neunkirchen in den künstlich angelegten Kehrbach fließt und Kraftwerke betreibt.

Mit dem Bau der Südbahn, erst bis Gloggnitz, dann über den Semmering, war das Tal der Schwarza im Sog der raschen Entwicklung des Fremdenverkehrs im Gebirge auch für die Sommerfrische interessant geworden. Doch sehr bald wurden Ternitz und Wimpassing, aber auch Neunkirchen und Gloggnitz, Schlöglmühl nicht zu vergessen, zu Industriestandorten, deren stets wachsende Bedeutung erst vor wenigen Jahrzehnten einen schmerzlichen Niedergang erfuhr. Heute ist der Fall ins Bodenlose kein Thema mehr. Doch den vorsichtigen Aufschwung als neuen Höhenflug zu bezeichnen, wäre auch verfehlt.

In und um Ortschaften wie Payerbach und Reichenau hingegen, die ihre bäuerliche Prägung behielten, war der rasche Übergang von der Zeit der Kutschen zur Zeit der Eisenbahn ein kräftiger, wertvoller Impuls für das Werden einer Fremdenverkehrsregion, das sich auf lange Sicht trotz beträchtlicher Probleme zwischendurch sogar als nachhaltiger erwies, als die allzu hitzige Goldgräberzeit auf dem Semmering.

Das nahe Edlach stellt in dieser Hinsicht allerdings einen Sonderfall dar: Noch heute erinnert mitten im Ort das urtümliche Gebäude der Eisenschmelze an eine industrielle Vergangenheit, die lange vor dem Bahnbau, Ende des 17. Jahrhunderts, ihren Anfang nahm. Ringsum wurde Bergbau betrieben, ein Hochofen und das Gusswerk sorgten bis zur Mitte des 19. Jahrhunderts für eine rauchende und stinkende, aber einträgliche Arbeitswelt. Doch 1891 wurde der Betrieb eingestellt. Edlach war übergangslos zu einem Industrieort ohne Industrie geworden, und die Kraft, sich eine Identität als Sommerfrische zu geben, fehlte. Der Retter erschien ausgerechnet in Gestalt eines Industriellen. Leopold Weinmann kaufte das Areal des Eisenwerkes, baute das ehemalige Herrenhaus zu einem Hotel um, ließ den Hochofen demolieren und verwendete die brauchbare Substanz des Gusswerkes für die Errichtung von Restaurant und Küche. Am Ende dieser staunenswerten Verwandlung stand ein allseits beliebtes, viel besuchtes Edlach unter dessen berühmten Gästen auch der Begründer des Zionismus, Theodor Herzl, war. Er hoffte, hier von seinem

Am Ende dieser staunenswerten Verwandlung stand ein allseits beliebtes, viel besuchtes Edlach.

Herzleiden zu genesen. Der betrübliche Tod im Jahr 1904 konnte dem glänzenden Ruf des kleinen Kurortes nichts anhaben. Edlach ehrt Herzl mit einem Gedenkstein.

Doch wenn schon von industrieller Vorvergangenheit die Rede ist: Jene Zeit, in der auf dem Semmering und im Land ringsum in den Taschen der Villenbesitzer und Touristen geschürft wurde, lag noch in ferner Zukunft, als hier der Bergbau von einiger Bedeutung war: Kupfer schon in der Bronzezeit bei Prein, Edlach und Payerbach, Magnesit am Eichberg bei Gloggnitz, Braunkohle in Hart, Gips im Adlitzgraben bei Schottwien, vor allem aber Eisen am Fuß der Rax und am Grillenberg, um nur einige Beispiele zu nennen.

Noch weiter zurück in die Vergangenheit ... es gibt ein paar Punkte in diesem Lebensraum, zwischen denen sich frühe Konturen abzeichnen. Die Passhöhe des Semmering, na klar, als Barriere und Übergang zwischen Norden und Süden, in diesem Zusammenhang Schottwien mit Klamm in Niederösterreich und Spital in der Steiermark. Aber auch ein zweiter Passübergang, das Preiner Gscheid zwischen dem Kloster Neuberg im Mürztal und seinen Besitzungen im Schwarzatal. Dazu Schloss Reichenau, Gloggnitz und – weit weg, aber lokal verankert – das Kloster Vornbach in Bayern. Als es darum ging, nach Rodung und Besiedelung einigermaßen Ordnung in die so entstandene Kulturlandschaft zu brin-

In Edlach weilte Theodor Herzl, der Begründer des Zionismus und Vorkämpfer des Judenstaates, besonders gerne zur Sommerfrische. Im Jahre 1904 kam er allerdings als todkranker Mann. Die frische Bergluft brachte nur kurze Besserung.

gen, wurden die Orte am Fuß der Passstraßen zu Stützpunkten, stellten Vorspanndienste bereit, boten Schutz, Unterkunft, und hoben Maut ein. Das System der Grundherrschaft machte Klöster und Burgen über Jahrhunderte hinweg zu den bestimmenden Machtzentren im Land. Um vermehrt Nutzen aus ihren Besitztümern ziehen zu können, sorgten sie, der wohlfeilen Leistungskraft ihrer so gut wie rechtlosen Untertanen gewiss, für den Ausbau wirtschaftlicher Strukturen im Handel, im Bergbau und in der Landwirtschaft. Eine wichtige Rolle spielte dabei vor allem Neuberg an der Mürz, dessen Herrschaft im Schwarzatal von Schloss Reichenau aus verwaltet wurde. Gloggnitz als ein den Bayern unterstelltes Nebenkloster war eher darauf aus, das Christentum ins Land zu tragen und sich am (sauren) Wein zu laben, der einem Gast hohen geistlichen Ranges zur Bemerkung Anlass bot: „Das ist ja ein richtiger Gurgelkratzer!" Die Zisterzienser aus Neuberg hatten hingegen auch territoriale Interessen und mit der Herrschaft Klamm/Schottwien einen immer wieder streitbaren Nachbarn. Diese mittelalterliche Welt der Herrschaftsgebiete und Grenzen erwies sich bis weit in die Neuzeit hinein als erstaunlich robust und hinterließ der Gegenwart ihre Denkmäler.

Wer sich dem Semmering durch das Steinfeld und das Schwarzatal nähert, nimmt nur zu gerne einen reizvollen Umweg in Kauf, der sich gleichzeitig als Konzentrat von Semmering-Landschaften darbietet. Von Payerbach, Prein oder Edlach aus erschließen schmale, vielfach gewundene Straßen die Landschaft, begleiten steile Wiesen, Hügelkuppen, Wald, theatralische Felsabstürze, und münden in die dunkle, einschichtige Welt der Adlitzgräben. Von dort aus führt der Weg erst recht ganz und gar nicht geradeaus, doch mit einiger Konsequenz zur Passhöhe. Diese Vielfalt der Bilder ist in einer nicht minder vielfältigen Geologie begründet, viele Gesteinsschichten, übereinander geschoben, einander formend in fortwährender Veränderung. Unter sanften Hügeln steckt wasserdurchlässiger Schiefer, Bänder von Kalken und Quarziten sorgen für schartige Schründe und Risse. Den Horizont schmücken die Kalkstöcke von Rax und Schneeberg.

Die Tendenz neuerer Verkehrswege, die durchquerte Landschaft eilfertig zu negieren, passt im Grunde genommen nirgendwo hin, zum Semmering passt sie schon gar nicht.

Nicht minder reizvoll ist es, dem Semmering mit Schottwien und Burg Klamm einen großen Auftritt zu gönnen. Die Landschaft, erst eintönig flach, dann weit und breit, stellt plötzlich Felsen in den Weg, zeigt mit schroffer Gebärde himmelwärts und verweist unwillig auf einen engen, schluchtartigen Durchgang. Für mich ist Schottwien das überdimensionale Abbild jener mythischen Felsöffnungen, die

Schottwien signalisiert unmissverständlich: Hier beginnt das Gebirge.

es jedem, der sich durchzwängt, gestattet, Sünden und Leiden aller Art abzustreifen. Wer solches wagt, braucht Entschlossenheit und ein unerschrockenes Gemüt. Anschließend aber darf der Weg bergwärts beherzt gewagt werden, auch himmelwärts, das Haupt gen Maria Schutz geneigt.

Tatsächlich war Schottwien Jahrhunderte lang ein von Festungsmauern umgebener Ort, eine gemauerte Faust sozusagen, durchaus bereit, sich gegen Bezahlung zu öffnen. Josef Huebmer, k.k. Postmeister zu Schottwien, verstorben 1896, berichtet in „Erlebtes und Erzähltes“: „Schottwien [...] war früher ein blühender, stark bevölkerter Markt im Engpass, den der Göstritzbach durchfließt, von Bergen und Felsen eingeschlossen, an der Gränze des Landes gelegen. Unterstützt von der nahen Klammer Burg eignet sich der Platz ganz vorzüglich schon von Natur aus zu einem ausgezeichneten Verteidigungsobjekte und wurde durch Abschluß von bis an die hohen Felsen aufgeführten Befestigungsmauern, verschiedenen Türmen und Verbindungsgängen, die bis zu den Höhen reichten, noch verstärkt. Seinen Wohlstand verdankten die Einwohner ausschließlich dem Verdienste durch den Bergvorspann über den Semmering.“ Den Weg durch das alte Schottwien beschrieb er als „eine elende hölzerne Überbrückung“. Erst mit dem Bau der „Kunststraße“ über den Semmering im 19. Jahrhundert verschwand die Göstritz unter einer nunmehr stabilen und breiten Fahrbahn. Heute spannt sich eine Autobahnbrücke von fragwürdiger Ästhetik über die Talenge, setzt sich über alles hinweg und lässt Schottwien unbeachtet unter sich. Die Tendenz neuerer Verkehrswege, die durchquerte Landschaft eilfertig zu negieren, passt im Grunde genommen nirgendwo hin, zum Semmering passt sie schon gar nicht. Dieses Unbehagen hat nichts mit Fortschrittsfeindlichkeit zu tun. Als die Serpentinen der Passstraße den alten Semmering mit dem neuen Auto versöhnten, war nichts Moderneres vorstellbar. Als die Bahntrasse gebaut wurde, war sie der Technik ihrer Zeit sogar voraus. Doch Straße wie Schiene genügten damals nicht nur dem Anspruch, das Reisen zu beschleunigen. Es ging auch darum, eine Verbindung von Romantik und Moderne zu schaffen, der Landschaft eine neue Ästhetik einzuschreiben, sie auf eine neue Art erlebbar zu machen. Wie auch immer: Ich finde es viel vergnüglicher, mir in Schottwien zu überlegen, ob ich's mit Serpentinen treiben will oder mich wohlig schaudernd durch die Adlitzgräben zwängen möchte, statt mir mein Fortkommen von der Autobahn diktieren zu lassen.

Höchste Zeit mithin, sich dem Semmering auch noch aus dem Steirischen mit gebotener Bedachtsamkeit zu nähern. Immerhin hat ein Hotelier und Schipionier aus Mürzzuschlag, Toni Schruf, dafür gesorgt, dass der Wintersport auf dem Semmering schon sehr früh Fuß fassen konnte. Er gab Werbeschriften heraus, organisierte Schikurse, Schneeschuhwanderungen im Gebirge und auch noch Wettkämpfe. Als es ihm sogar gelang, im Jahre 1904 die „Nordischen Spiele" nach Mürzzuschlag zu holen, reisten Gäste aus allen Ländern der Monarchie an. Besonders interessiert zeigten sich Fremdenverkehrsunternehmer aus Salzburg und Tirol. Geradezu fasziniert waren aber die Hoteliers vom Semmering und die Südbahngesellschaft. Sie sorgten eilends und mit gemeinsamer Tatkraft dafür, dass ihre Vision vom mondänsten Wintersportort der Monarchie in nur wenigen Jahren Wirklichkeit wurde.

Wenige Jahre zählte Mürzzuschlag zu den wichtigsten Schauplätzen des noch jungen Schisports. Doch die Hoteliers auf dem Semmering lernten bestürzend schnell.

Mürzzuschlag durfte sich zwar seiner Pionierrolle rühmen, blieb aber eine preiswerte Dependance zu ebener Erde, während sich in der Belle Etage die vornehme Welt gesundheitsfördernd amüsierte. Immerhin gelang an der Mürz irgendwie der Spagat zwischen den Identitäten Industriestandort und Kurort. Es gab eine Wasserheilanstalt mit schönem Kursalon und viel Natur ringsum. Ein beliebtes Ausflugsziel war das Gasthaus Eckbauer, in dessen Garten die Kudlich-Linde nicht

Mürzzuschlager Gastlichkeit auf sichtbar gehobenem Niveau. Und durchs Geäst der Kudlich-Linde weht auch noch der Wind der Freiheit.

nur an den österreichischen Bauernbefreier erinnerte, sondern auch in der mächtigen Baumkrone Platz für lauschige Sitzbänke bot. Wenigstens diese Idee wurde nicht auf den Semmering geholt, um dort noch größer und noch einträglicher verwirklicht zu werden. Aber ein prächtiges Bauernhaus, das 1666 in der Gegend von Mürzzuschlag errichtet worden war, wurde nach dreihundert Jahren auf eine weite Reise geschickt und fand sich im Dezember 1999 gerade recht zur Wintersaison als „Seewirthaus" am Fuß des Hirschenkogels wieder. Die Speckbacherhütte auf dem Kreuzberg zwischen den Adlitzgräben und dem Tal von Reichenau hat übrigens auch eine ambulante Vergangenheit, jedoch keine steirische. Eine heitere Wirtshausrunde in der Wiener Speckbachergasse wünschte sich sehnlichst eine eigene Berghütte, die natürlich nicht nur ihre Gasse, sondern auch Andreas Hofers Kampfgefährten ehren sollte. Vorausblickend wurde der Vereinsname „Ausflugsgesellschaft Speckbacher“ in „Alpine Gesellschaft Speckbacher“ umbenannt. Die Herren schritten trittsicher und schwindelfrei ans Werk und errichteten doch tatsächlich 1907 auf der Rax am Ende des Wachthüttelkammes eine zünftige Unterkunft. Als jedoch die Erste Wiener Hochquellenwasserleitung immer wichtiger wurde, gewann auch die Pflege des Quellschutzgebietes an Bedeutung. Unter anderen musste die Speckbacherhütte entfernt werden. Demnach findet heute die alpine Gastlichkeit zu Ehren des heroischen Tirolers auf der sanften Höhe des Kreuzbergs statt.

Weiter führt die Reise nach Spital am Semmering, dem steirischen Gegenstück zu Schottwien, auch gastlich, auch nützlich, wenn auch nicht so eng und wehrhaft. 1160 wurde hier ein Hospiz gebaut, das dem Ort seinen Namen gab, Reisenden Verpflegung, Unterkunft und Schutz vor Räubern bot. Mit Vorspanndiensten war in Spital weniger zu verdienen, steigt doch der Semmering auf der steirischen Seite mit einer mäßig geneigten Rampe völlig undramatisch an. Immerhin brachte der Eisenbergbau an der Fröschnitz bis ins 19. Jahrhundert sichere Einkünfte und heutzutage gibt es ja das Stuhleck und die Schifahrer.

Schon sehr früh spielte Spital aber eine nicht zu unterschätzende Rolle für die zukünftige Entwicklung des Semmering-Gebietes. Im 16. Jahrhundert gehörte der Ort zur Herrschaft Neuberg, Schottwien zu Klamm, und wem der Semmering dazwischen gehörte, war lange Zeit umstritten. Als die Grenze auf dem Semmering dann 1564 endgültig zur Landesgrenze wurde, versuchte Spital sein Gebiet immer wieder über die Passhöhe hinweg auszudehnen. Das ließen sich die Schottwiener nicht gefallen, es kam zu ernsthaften Scharmützeln, bis endlich die steirischen und niederösterreichischen Landstände eine Kommission bildeten. Drei Wochen lang wurde unter der Leitung des berühmten Kartografen, Astronomen und kaiserlichen Hofmathematikers Johann Jakob Marinoni vermessen. Das Ergebnis fiel für Spital betrüblich aus: Die Grenze wurde exakt über die Passhöhe gezogen. Es war also auch kartographischer Willkür, oder, freundlicher gesagt, akribischer Gerechtigkeit zu verdanken, dass etwa drei Jahrhunderte später die meisten Villen und Hotels am Semmering in Niederösterreich gebaut wurden und nicht in der Steiermark.

Jedenfalls geht es von nun an sachte bergan, der Passhöhe entgegen.

Es gäbe schon auch die Möglichkeit, Richtung Steinhaus abzubiegen und sich durch die Bucklige Welt am Semmering vorbeizuschwindeln. Aber das sollte in diesem Buch wirklich kein Thema sein.

Ein Tiroler Freiheitsheld, eine Wiener Wirtshausrunde und ein Schutzhaus mit hochalpiner Vergangenheit auf dem hügeligen Kreuzberg.

Höhenflug

Es ist schon einige Jahre her, da war ich mit einem seltsamen Gefährt und einem bemerkenswerten Gefährten zur Passhöhe des Semmering unterwegs. Bei dem Gefährt handelte es sich um ein Mopedauto mit bulligen 5,4 PS und der Gefährte war Peter Kumpa, ein famoser Fotograf, wenn er es nicht gerade vorzog, ausführlich zu essen und zu trinken. Nach rasender Bergfahrt und vielleicht zwei, drei Ewigkeiten (wir überholten immerhin einen Traktor und zwei Radfahrer, ein dritter hingegen überholte uns) war die Passhöhe zu unserem Erstaunen erklommen. Wir versäumten es nicht, bei dieser Gelegenheit einen mächtigen Gedenkstein unter ausgebreiteten Adlerschwingen mit geziemendem Respekt zu betrachten, der folgende Inschrift trägt: „Dem ersten kühnen Überflieger des Semmerings 3. 5. 1912, Feldpilot Oberlieutenant Eduard Nittner – Seine Kameraden und Verehrer“. Wer nun milde lächelnd den Kopf zum Firmament hebt und an den aktuellen Stau tausende Meter weiter oben denkt, tut dem Piloten von damals natürlich Unrecht. Er überflog den Semmering auf dem Weg von Wiener Neustadt nach Graz nämlich mit einer Etrich Taube, einer sehr fragilen und nur andeutungsweise motorisierten Konstruktion aus mit Stoff bespannten dünnen Hölzern. Noch drei Jahre zuvor war ihr Erfinder unbändig stolz darauf gewesen, mit diesem Gerät über die gesamte Länge des Wiener Neustädter Flughafens zu gleiten, und erst 1910 gelang es Etrich, seine Taube mittels Motor durch die Lüfte zu bewegen. Kaum zwei Jahre später wagte es dann Nittner bereits, als erster Pilot einen österreichischen Alpenpass zu überfliegen. Es ist eben alles relativ. Während Fahrer richtiger Autos den Semmering als Episode wahrnehmen, sahen wir unser Mopedauto bis an die Grenze seiner Leistungsfähigkeit gefordert. Heutzutage ist der Semmering für Piloten eine Erhebung im Rang eines Gelsendippels. Für Leutnant Nittner in seiner künstlichen Taube war der Höhenflug zwischen Gipfeln im Sinne des Wortes atemberaubend. Dennoch erschienen Natur und Landschaft auch für den Flugpionier Nittner längst als gezähmt, ihre gänzliche Umgestaltung und Nutzung war angesichts einer nie da gewesenen technischen Revolution nur noch eine Frage der Zeit.

Ganz anders dürften jene Menschen den Semmering und das Land ringsum erlebt haben, die vor weit über tausend Jahren als Pioniere und Kolonisten hierherkamen. Sie mussten sich mit unweg-

Das Denkmal für den kühnen Flieger Eduard Nittner auf der Passhöhe ehrt einen österreichischen Flugpionier. 1912 gelang ihm der Flug über den Semmering. Ein Jahr später starb er, 28 Jahre alt, bei einem Absturz.

Unter dem gläsernen Himmel des Wiener Technischen Museums ist die Luftfahrt eines fragilen Fluggerätes erst einmal gesichert. Leitwerk und Tragflächen bestehen aus mit Stoff bespanntem Bambus.

samer Enge auseinandersetzen, mit unüberwindlichen oder lebensgefährlichen Barrieren, mit wilden Tieren, Nässe und Kälte. Ein dermaßen bedrohlicher Lebensraum war überdies ohne das Zutun böswilliger Geister und heimtückischer Dämonen nicht vorstellbar: Lawinenabgänge, Bergrutsche, Blitzschlag, reißende Fluten, Hochwasser und Hagel ... der Zorn von oben manifestierte sich eben in schauerlichen Naturgewalten. Die Ernteerträge waren damals jämmerlich gering und jedes Unwetter machte es noch schwieriger zu überleben. Die Furcht vor konkreten Gefahren und vor im Geheimen wirkenden finsteren Mächten war allerdings Alltag. Der Tod gehörte mit banaler Selbstverständlichkeit zum Leben und Letzteres wog recht gering, schon gar, wenn es einem Untertanen gehörte. Für die jeweilige Herrschaft galt es, im wilden Osten Grundbesitz und Nutzungsrechte zu sichern, Grenzen abzustecken, zukunftstaugliche Verhältnisse zu schaffen – und das um fast jeden Preis. Pioniergeist, weitblickend, mutig, tatkräftig und mit einer gehörigen Portion Rücksichtslosigkeit ausgestattet, gehört übrigens zu jenen Eigenschaften, die Führungskräfte über Jahrhunderte hinweg verbinden (sie aber nicht unbedingt auszeichnen). „Es ist selten möglich, einen großen Zweck zu erreichen, ohne Opfer zu bringen.“ Ein mittelalterlicher Grundherr hätte sich vermutlich diesen Satz des viel gepriesenen Ritter von Ghega beifällig nickend zu eigen gemacht. Auch die „Opfer“

wiesen zu allen Zeiten Ähnlichkeiten auf: Fußvolk eben, abhängige, darbende Menschen, denen nichts anderes übrig blieb, als sich auf ihre traurige und gefährliche Rolle einzulassen. Wer in der Gegenwart gewisse Parallelen sieht, geht wohl nicht fehl.

Jedenfalls zeichnete die frühe Besiedlung des Lebensraumes Semmering bereits erste Konturen, sorgte für die weiträumige Verbindung und Einordnung in die schon bestehende Zivilisation. In der Tat weist die Geschichte mancher Grenzen und Handelswege trotz kleinräumiger Veränderungen über Jahrhunderte hinweg eine erstaunliche Kontinuität auf.

Der historische Handelsweg über den Semmering muss sich allerdings die kaum bestrittene Tatsache gefallen lassen, dass bis zum Jahr 1160, als das schon erwähnte Hospiz im Gebiet des späteren Spital entstand und der vormalige Saumpfad einigermaßen befahrbar wurde, der Weg über das Preiner Gscheid von größerer Bedeutung war, ganz zu schweigen von der Straße über den Wechsel.

Mit dem Tod des letzten männlichen Formbachers (bemerkenswerte Mobilität: der Pittner Graf bayerischer Abstammung starb im Heer Friedrich Barbarossas bei der Belagerung von Mailand) fielen auch Herrschaftsgebiete um den Semmering an den steirischen Markgrafen Otakar III., der nun großes Interesse an einer leistungsfähigen Passstraße hatte. Weil es bei einem noblen Herrn aber nicht vordergründig um Macht und Besitz gehen durfte, wies er das neue Hospiz an, „den Wanderern und Armen, die durch unser Land ziehen, die Mühen dort zu erleichtern, wo sie die Lasten der Reise am meisten spüren“. Das war zwar nicht gelogen, doch in der Hauptsache ging es um eine – mit den Worten unserer Zeit ausgedrückt – zukunftsweisende Investition in die Infrastruktur im Hinblick auf die Entwicklung des europäischen und internationalen Fernhandels. Innerhalb weniger Jahrzehnte wurde die Straße über den Semmering tatsächlich zu einem bedeutenden, stark frequentierten Verkehrsweg. Das geschah in einer Epoche, in der sich die Orientierung der Warenströme grundlegend wandelte: Nicht mehr Osten und Westen waren die bestimmenden Pole für den Handel, sondern Norden und Süden. Das wiederum hatte mit dem Aufstieg Venedigs zu tun. Von dort aus führte die „Italienstraße“ über Gemona und Venzone nach Österreich. Zwischen Villach und Wien war für diesen Handelsweg schon bald auch der Name „Semmeringstraße“ geläufig. Dort, wo auf beiden Seiten des Passes gute Einnahmen aus Maut, Handel und Dienstleistung zu erwarten waren, entstanden Siedlungen, deren Ortsbild noch heute daran erinnert, dass es ihre wichtigste Funktion war, an den Rändern einer Durchzugsstraße geschäftstüchtig bereit zu stehen: Mürzzuschlag und Schottwien. Es gibt übrigens eine durchwegs plausible, aber falsche Theorie, die den

Namen „Schottwien“ von „Schadwien“ herleitet, weil geradezu räuberische Mautforderungen den Wiener Kaufleuten zum Schaden gereichten. In Wahrheit steht „Schad“ für „klein“.

Über Jahrhunderte hinweg blieb die Bedeutung der Semmeringstraße erhalten. Von wegen Straße: Man stelle sich einen holprigen, schmalen Weg vor, kaum breiter als zwei Meter, für den der Boden ohne Unterbau eingeebnet worden war. Zur Befestigung und Erhaltung gab es allenfalls Schotter. Für den Zustand der Straße waren die Grundherren verantwortlich, die sich ihrer Untertanen bedienten: Je nach Entfernung der Höfe mussten sie bestimmte Mengen von Steinen herbeischaffen. Die Inhaber ärmlicher Keuschen blieben auch nicht ungeschoren und hatten Robotdienste zu leisten. Weil auch das offenbar nicht ausreichte, wurden Wegmauten errichtet, deren Einnahmen dem Straßenbau dienten. Für größere Vorhaben war dann aber doch der Griff in die landesfürstliche Schatulle unvermeidlich. Auf elenden Ruckelpisten waren zweirädrige Karren oder schmale vierrädrige „Anzenwagen“ unterwegs, ausgestattet mit einer aus zwei Stangen bestehenden Gabeldeichsel: Das Pferd ging zwischen den Stangen, weitere Pferde konnten vorgespannt werden. Weil aber die Rösser in einer Spur hintereinander hertrotteten, tiefte sich der Weg in der Mitte immer stärker ein, musste also öfters ausgebessert werden. Mit einem vierspännigen Anzenwagen konnten immerhin gut 800 kg Last befördert werden. War dann der Pass erreicht, wurden noch einmal vier Pferde für den Vorspann benötigt. Etwa vierzehn Tage war ein Gespann von Villach nach Wien unterwegs.

Trotz der Schwerfälligkeit des Lastentransportes brachte die Semmeringstraße erste Anzeichen einer künftigen Globalisierung mit sich, schaffte die begehrten „Orientwaren“ aus Venedig in die österreichische Residenzstadt, schickte im Gegenzug Waren aus den Kronländern nach Süden, verteilte die Güter aber auch bis in entlegene Seitentäler im Einzugsbereich der Fernstraße. Überdies blühte der Handel auch auf Teilstrecken: Salz, Wein und Eisen nahmen ihren Weg über den Semmering.

Mit dem Niedergang Venedigs als Handelsgroßmacht und der Entstehung neuer Zentren wie Lissabon und Antwerpen schwand allerdings auch die Bedeutung dieses Verkehrsweges. Kriege, Seuchen und eine allgemeine Krise der europäischen Wirtschaft in der ersten Hälfte des 17. Jahrhunderts trugen das ihre dazu bei. Nach dem Sieg über die Türken ließ die neu erstarkte Wirtschaftskraft der befreiten, geradezu entfesselten Residenzstadt Wien den Fernhandel ja doch wieder aufleben. Aber die Semmeringstraße war noch immer ein geschundener, mehr schlecht als recht gewarteter Verkehrsweg, noch am Beginn des 18. Jahrhunderts minderwertiger und schäbiger als jede Römerstraße. Es musste dringend etwas geschehen, wenigstens den Passübergang betreffend.

Wer heutzutage nachvollziehen möchte, was damals geschah, stellt einfach das Auto auf dem großen Parkplatz unterhalb des Hirschenkogels ab und gibt Kaiser Karl VI. die Ehre. Zwischen Asphalt und Schilift bleibt das „Carolus Denkmal“ trotz theatralischem Prunk und imperialer Wucht merkwürdig unbeachtet, obwohl sich Joseph Emanuel Fischer von Erlach bei dessen Errichtung bestimmt einige Mühe gegeben hat. Vier Adler fassen Schwert und Szepter ins Auge, die österreichische Hauskrone und eine von Blütengirlanden umrahmte Weltkugel mit dem Monogramm „C C VI: Carlos Cäsar VI“.

Da es überdies mit den Lateinkenntnissen der heutigen Verkehrsteilnehmer nicht allzu gut bestellt ist, kommen auch die Ergriffenheit und das innere Feuer nicht so recht zur Geltung, die den kaiserlichen Rat und Residenten von Portugal, Konrad Adolf Albrecht von Albrechtsburg, beim Verfassen der Inschrift erfüllt haben mochten. Es sei also submissest die Übersetzung nachgereicht:

„Dem Durchlauchtigsten Kaiser Karl von Österreich. Weil die unermüdete Wachsamkeit des Obersten Geheimen Hofkanzlers Philipp Grafen von Sinzendorf, bei Leitung des Werkes unter dem strebsamen Fleiße des Grafen Ernst von Herberstein und der gleicheifrigen Ausführung des Werkes von Seiten

Tief unter dem Denkmal eines Kaisers mit merkantil geprägtem Sinn für Verkehrswege ignoriert der Eisenbahntunnel die Passhöhe und der Lift auf den Hirschenkogel erhebt sich leichthin über die Krone.

Sigismunds Grafen von Wagensperg, beide Statthalter von Steiermark, für den früher abgezogenen Handel einen Steinweg zu den Ufern des Adriatischen Meeres aus dem Staatsschatze zur Freude eröffnet hat, errichten die Stände Innerösterreichs auf der Bergeshöhe zum Danke glückbringender Opferwilligkeit ein Denkmal, damit, wenn der Wanderer über die behobene Elendigkeit des früheren Weges einen anhaltenden Freudenruf ausstößt, der Ruhm des Gnädigen Erbauers um so weiter widerhalle."

Die Folge war eine teils einträgliche, teils unglückselige Verkettung von „Ismen", deren Auswirkungen bis in die Gegenwart reichen: Interventionismus, Dirigismus, Merkantilismus, Imperialismus, Kapitalismus.

Die Österreichischen Stände ließen dieses Monument 1728 errichten, weil sich das so gehörte. Für anhaltende Freudenrufe gab es schon damals wenig Anlass, und im Zusammenhang mit der Finanzierung des Projektes von „glückbringender Opferwilligkeit" zu schreiben war recht kühn. Mit dem 18. Jahrhundert klopfte die Moderne unüberhörbar auch an die Tür der absolutistisch regierten habsburgischen Erblande. Die Folge war eine teils einträgliche, teils unglückselige Verkettung von „-ismen", deren Auswirkungen bis in die Gegenwart reichen: Interventionismus, Dirigismus, Merkantilismus, Imperialismus, Kapitalismus ... kurz gesagt, es ging um tatkräftig gelenkte Geldbeschaffung.

Wenn aber der Außenhandel Überschüsse bringen sollte, musste es bessere Verkehrsverbindungen geben. Zur Finanzierung der Bauvorhaben wurden an den Landesgrenzen „Aufschlagsämter" eingerichtet und die (zunehmend unwilligen) Landbewohner waren zum Robot aufgerufen. 1725 ordnete ein Hofdekret den Ausbau der Semmeringstraße an, doch die zuständigen Herren warteten ein Jahr, bis sie endlich in beflissener Eile daran gingen, zu begutachten, zu messen, zu kalkulieren und zu planen. Dann hielten sie abermals betreten inne, weil es an den nötigen Mitteln fehlte. Im März 1728 war dann endlich die Brücke über den Myrthengraben fertig. Jetzt musste es rasch gehen, weil der Kaiser schon im Juni dieses Jahres eine Reise in die innerösterreichischen Länder anzutreten wünschte – und zwar über den Semmering. Der Weg-Direktor Graf Oed hielt sich, so gut es ging, an die Pläne des Kartenzeichners Gian Giacomo Marinoni, und behalf sich dort, wo es anders nicht mehr zu schaffen war, mit Provisorien, die so gut wie fertig wirkten. Die Straße – in der damals üblichen „linea recta" angelegt – blieb steil, wenn auch nunmehr mit einigermaßen gleichmäßiger Steigung, die Provisorien blieben bestehen, und daran änderte sich gut hundert Jahre lang nichts.

1802 bezwang, um nur ein Beispiel für die Beschwerlichkeit der Reise zu geben, der Dichter Johann Gottfried Seume die Passstraße im Winter:

„Der Semmering ist kein Maulwurfshügel; es hatte die zweite Hälfte der Nacht entsetzlich geschneit; der Schnee ging mir bis hoch an die Waden; ich wußte keinen Schritt Weg, und es war durchaus keine Bahn. Einigemal lief ich in den Morgen noch im Finstern unten im Tal zu weit links, und mußte durch Verschläge in dem tiefen Schnee die große Straße wieder suchen. Nun ging es bergan zwei Stunden, und nach und nach kamen einige Fuhrleute den Semmering herab, und zeigten mir wenigstens, daß ich dorthin mußte, wo sie herkamen. Links und rechts waren hohe Berge, mit Schwarzwald bewachsen, der mit Schnee behangen war; und man konnte vor dem Gestöber kaum zwanzig Schritt sehen. Oben auf den Bergabsätzen begegneten mir einige Reisewagen, die in dem schlechten Wege nicht fort konnten. Der Frost hielt noch nicht und übrigens waren die Gleise entsetzlich ausgeleiert. Herren und Bediente waren abgestiegen und halfen fluchend dem Postillion, das leere Fuhrwerk Schritt vor Schritt weiter hinaufwinden."

Als dann endlich – 1841 – die neue Trasse in gefälligen Kurven und Kehren bergwärts strebte, kam ihr nur noch für kurze Zeit, nämlich bis zum Bau der Eisenbahn, große wirtschaftliche Bedeutung zu. Die Straße hatte ihr Monopol, ihre Passhoheit sozusagen, als einziger Verkehrsweg über den Semmering verloren. Das Denkmal für den neueren Carl, obgleich nur Ritter von Ghega, am Bahnhof Semmering, und das Denkmal für den älteren Karl, obgleich Kaiser, auf der Passhöhe, erzählen zwei Geschichten von sehr unterschiedlichem Gewicht. Karl steht für ein durchaus imposantes doch auch mühsam begonnenes, halbherzig durchgeführtes und im Grunde genommen nie vollendetes Bauvorhaben. Carl steht für die Semmeringbahn.

Über ein Jahrhundert lang spielten Bahn und Straße mit von Zeit zu Zeit veränderten Akzenten ihre Rollen als farbig und kontrastreich belebte Kunstbauten in einer von Menschenhand gestalteten und überhöhten Landschaft. Ihre Strukturen blieben erhalten, als sich mit zwei Kriegen und dem Elend in ihrem Gefolge schwere Schatten über diesen Lebensraum legten, sie waren da, als der Semmering allmählich nach neuen Anfängen tastete.

Dann aber drängte sich die Autobahn dazwischen, fuhr drüber und drunter und nahm die Passhöhe einfach nicht zu Kenntnis. Der Weg über den Semmering ist für den Fernverkehr auf der Straße zum Weg durch den Semmering geworden. Für die Eisenbahn wird bald einmal das Gleiche gelten.

Als wir, der Peter Kumpa, das Mopedauto und ich, damals auf dem Semmering waren, haben wir im freundlich altmodischen Hotel Post Rindfleisch mit Kochsalat und Erbsen gegessen, dazu die besten Salzstangerl weit und breit, weil der aus Schottwien stammende Wirt im Grunde seines Herzens noch immer Bäcker war. Dann haben wir getankt, drei Liter, und uns über die nunmehr tatsächliche Rasanz der Talfahrt gefreut. Vom Hotel Post ist nur noch das Gebäude übrig. Im schmuck renovierten Haus waltet jetzt die Gemeinde Semmering ihres Amtes: eine durchaus lobenswerte Metamorphose, auch wenn mir und dem Kumpa die Salzstangerl fehlen werden. Und die Tankstelle auf der Passhöhe gibt es überhaupt nicht mehr.

Die eiserne Zeit

Ein Vorfrühlingstag Anfang März, der Himmel blau, aber pastell wie auch die anderen Farben ringsum. Oben auf dem Kreuzberg liegt noch Schnee an schattigen Stellen. Aber auf einer kleinen Felskanzel über dem Adlitzgraben findet sich schon ein sonnenwarmer Stein zum Sitzen, Aug in Aug mit Burg Klamm. Ihr Mauerwerk ist nicht viel mehr als eine Fortsetzung des schroffen Bergrückens, in den es sich krallt, aus dem es wächst. Die Burg war im Mittelalter zum Schutz der Passstraße und der Herrschaftsgrenze gebaut worden und galt als uneinnehmbar. Aber schon 1487 bewiesen die Kanonen des Ungarnkönigs Matthias Corvinus das Gegenteil, und als später die Türken anrückten, sah sich eine sagenhaft keusche Tochter des Pflegers angesichts lüsterner Muselmanen gezwungen, den Jungfernsprung in den Adlitzgraben zu tun. Jede Burgruine, die auf sich hält, kennt solche Sprünge.

Nachdem der letzte Graf von Wallsegg gestorben war (jener Franz, der anonym Mozart den Auftrag für ein Requiem erteilte), kaufte Johann I. Fürst Liechtenstein nicht nur Schloss Stuppach, sondern auch die Burg Klamm, indes zur Ruine verkommen, weil sie so recht seiner Vorstellung von pittoresk-romantisch dekorierter Landschaft entsprach. Mit dem Semmering hatte er hoch erfreut eine Bühne entdeckt, die seiner fürstlichen Selbstverwirklichung einen Rahmen von ungeahnter Größe bot. Hatte er sich bisher damit begnügt, seine Besitzungen auszuschmücken, fand er nun im Adlitzgraben die Möglichkeit vor, eine dramatische Naturkulisse noch intensiver und theatralischer zu inszenieren – das erhabene Panorama von Schneeberg, Rax und Sonnwendstein vor dem geistigen Auge. In einem Reiseführer war damals zu lesen: „Ober einer glänzenden, steilen Matte erhebt sich eine im gothischen Stile aus Holz erbaute Gloriette; vor dieser Wiese bildet der durch Schleusen geschwellte Waldbach einen kleinen See. Rechts stürzt von einem hohen Felsen herab ein Wasserstrahl, der sich in einem Staubregen auflöst." Nach dem Tod des Fürsten wurde die Anlage nicht mehr gepflegt. Schließlich tilgte der Bau der Eisenbahn auch die letzten Reste.

Tieferwärts führt mich der Weg in den kleinen Friedhof, weil es dort einen Freund und Wirt zu besuchen gilt, den es vom Semmering nach Wien verschlagen hat. Jetzt ist er wieder zuhause. Und dann, ein paar Schritte talwärts, eine steil abfallende Wiese. Ich kann's nicht recht glauben, dass

Wenn Fürsten träumen: Der Liechtenstein'sche Landschaftspark im Adlitzgraben durfte ein paar Jahre lang in romantischem Überschwang schwelgen. Als dann die Ingenieure das Sagen hatten, waren die zarten Bilder von gestern.

Neben dem Südbahnhotel umfängt ein Baumstamm die Erinnerung an einen hochherzigen Fürsten. Der Gedenkstein in Klamm erinnert an jene Menschen, die der neuen Zeit und ihren Errungenschaften geopfert wurden.

darunter so viele Verstorbene liegen sollen. Aber ein Gedenkstein nennt die Zahl: „Hier ruhen 1048 Tote des Bahnbaus 1848–1854 (Cholera, Typhus ect.)“. Dieses „etc.“ drückt aufs Gemüt. Das Sterberegister der Pfarre Klamm/Schottwien holt die Toten aus ihrer Anonymität, nennt die Namen der Italiener, Slawen und Deutschen. Ihr Schicksal steht auch in jenem „Ingedenkbuch“ nachzulesen, das der Seelsorger Johann Sedlak verfasste. Im Adlitzgraben erinnert ein Eisenkreuz an die hölzerne Kapelle, in der er predigte. Gemeinsam mit dem Kapellendiener und der Dienstmagd war ihm eine mehr als bescheidene Unterkunft zugestanden worden, die aber einen gesonderten Eingang für den Kuraten aufwies, „weil dieses schon der Anstand und die nothwendige Vorsicht gegen argwöhnische oder verleumderische Gerüchte fordern“. Gebürtig aus Straßnitz in Mähren machte Sedlak den geschundenen Arbeitern in drei Sprachen – Deutsch, Böhmisch und irgendwie auch Italienisch – Mut und redete ihnen ins Gewissen. Für Moral und Sittlichkeit gab das gedrängte Zusammenleben tausender Menschen wenig Anlass. Immerhin gelang es Sedlak, Lust und Liebe auch in geordnete Bahnen zu lenken: Im Laufe der Bauzeit schloss er 102 Ehen. Der Geistliche erwies sich aber nicht nur als Mann des Wortes. Als eine Typhusepidemie so heftig wütete, dass das Arbeiter-Hospital in Schottwien mit seinen 90 ohnehin schon doppelt belegten Betten nicht mehr ausreichte, wurde an der Weinzettlwand ein Notkrankenhaus errichtet. Sedlak übernahm persönlich die Betreuung der Kranken, bis auch er von der Seuche befallen wurde und mit letzter Kraft nur noch zwingenden Pflichten nachkommen konnte. Er überlebte und durfte nach der Vollendung der Bauarbeiten sogar an der Fahrt des ersten Postzuges teilnehmen. Als er anschließend bei der festlichen Tafel einen Toast ausbrachte, erwies sich der geistliche Herr auch in weltlichen Dingen als versierter Mann des Wortes mit keuscher Lust an der Pointe: „Was Se. Maj. unser gnädigster Kaiser im Regieren, was Vater Radetzky im Triumphieren, das ist Ministerialrat Ghega im Nivellieren ..." Sedlak wurde mit dem Goldenen Verdienstkreuz mit Krone ausgezeichnet, wirkte später im k.k. Allgemeinen Krankenhaus in Wien und endlich im niederösterreichischen Hausleiten, wo er im Alter von 50 Jahren starb.

Dieser Eisenbahnkurat durchaus modernen Zuschnitts, einer der ersten österreichischen Industriekaplane, steht für einen pfleglichen, ja liebevollen Umgang mit Arbeitern. Als der Bau der Semmeringbahn 1848 hastig in Angriff genommen wurde, ging es allerdings vorrangig darum, im Revolutionsjahr das beängstigend groß und aggressiv gewordene Heer der Arbeitslosen einigermaßen ruhig zu stellen.

Gut ein Jahrzehnt war über eine leistungsfähige Eisenbahnlinie zwischen Wien und Triest nach-

Als Bollwerk gegen proletarische Gottesferne und Sittenlosigkeit war die Kapelle im Adlitzgraben recht klein geraten. Umso größer waren die Tatkraft und die persönliche Anteilnahme des Arbeiterseelsorgers Johann Sedlak.

Mit diesem Steintrog vor einem Bauernhaus am Semmering haben sich dereinst Bahnarbeiter ein bescheidenes Zubrot verdient. Mit Blech und Plastik ist dann alles billiger geworden, in jeder Hinsicht.

gedacht worden. Die zentrale Herausforderung bestand darin, den Semmering mit modernen Mitteln zu bezwingen. Erzherzog Johann konnte sich erst einmal für Standseilbahnen erwärmen, später für eine Pferdeeisenbahn. Der Ingenieur Matthias Schönerer glaubte aber schon damals an die Zukunft der Lokomotive, plante seine Trasse waghalsige 33 Promille steil und wollte die Passhöhe mit einem Tunnel unterfahren. Es gab noch weitere Projekte, die lange Tunnelbauten vorsahen, doch allen war eine betrübliche Tatsache gemeinsam: Dynamit war damals noch nicht einsetzbar und Sprengpulver von weit geringerer Wirkung.

Dann aber trat der Venezianer Carlo Ghega als Oberinspektor der Südlichen Staatsbahn auf den Plan. 1844 legte er seine Entwürfe vor, zwei Jahre später war er mit der Projektierung der Trasse im Wesentlichen fertig: Gloggnitz, Payerbach, Überquerung des Schwarzatals mittels Kehrviadukt, über den Eichberg nach Klamm und in die Adlitzgräben, durch einen 1,4 km langen Tunnel unter der Passhöhe ins steirische Fröschnitztal und weiter nach Mürzzuschlag. Doch der Baubeginn verzögerte sich, weil – erraten – die Finanzierung noch nicht gesichert war. Doch dann brachte die Revolution der Arbeiter die Revolution der Eisenbahntechnik ins Rollen. Andreas Baumgartner, seit Anfang Mai 1848 Minister für öffentliche Arbeiten, sah Eile geboten und genehmigte schon im Juni Ghegas Projekt und die Bauausschreibung. Wütende Proteste waren die Folge: Staatsgelder würden mutwillig verschleudert werden, war zu lesen, und dieses wahnwitzige Experiment sei natürlich auch technisch zum Scheitern verurteilt. Diese Argumente trafen bekanntermaßen letzten Endes nicht zu. Es blieben aber genug Probleme übrig, die einen anderen Mann als den begnadeten Sturschädel Ghega rasch hätten resignieren lassen. Das Epos vom Bau der Bahn ist immer wieder eindrucksvoll gesungen worden. Ich will mich, meine schauderhaften Sangeskünste bedenkend, nicht auch noch daran versuchen. Aber das stolze Ergebnis kann gar nicht oft genug in Worte gefasst werden: 1854 bezwang die Semmeringbahn den damals höchsten auf Schienen erreichbaren Punkt der Erde. Ghega hatte nicht nur die technischen Herausforderungen mit Bravour bewältigt und wegweisende Ingenieursarchitektur geschaffen. Ihm war es darüber hinaus gelungen, eine utopische Idee mit klassischer Formensprache zu verbinden, und dies im würdigen, vielschichtigen und spannungsgeladenen Dialog mit der Landschaft. Gleichzeitig schenkte er der in ihren Grundfesten erschütterten Monarchie ein starkes Symbol: Eine Ordnungsmacht, fest und tief in uralter Tradition wurzelnd, darf auch ungestüm und visionär in den Himmel wachsen.

Offenbar solches bedenkend, beschloss auch der junge Kaiser Franz Joseph, sich unbehaglich neuer Technik dennoch tapfer anzuvertrauen. Am 12. April 1854 fuhr er mit dem Sonderzug von Mürzzuschlag aus über den Semmering. Er genoss die Reise ganz außerordentlich. In Gloggnitz angekommen erwies sich die Eisenbahn allerdings als recht unmajestätisches Verkehrsmittel. Der hohe Stanitzel-Rauchfang der Semmering-Lokomotive Emmerberg streifte das Dach der Einfahrtshalle und riss ab. Das noble Bild des huldvoll winkenden Kaisers und der freudig erregten Ehrengäste verschwand in einer dichten Wolke aus Ruß und Staub. Der Kaiser, geschwärzt, doch gar nicht so humorlos, wie es ihm manchmal zugeschrieben wird, trug's mit Fassung. Man darf durchaus unterstellen, dass seine frisch angetraute Gemahlin Sisi, damals noch heiteren Sinnes, diesen Vorfall vergnügt genossen hätte. Doch als der Kaiser dann kurz nach seiner ersten Fahrt die Reise mit ihr gemeinsam noch einmal antrat, vielleicht sogar in der Hoffnung auf anregende Zwischenfälle, verlief sie enttäuschend ereignislos.

„Diese Objekte sind zum Theil in eine großartige Alpenscenerie mit wildzerklüfteten Felsengebilden hineingebaut und erscheinen dem Reisenden als wunderbares Wechselspiel zwischen den titanischen Naturkräften und dem sie bezähmenden Menschengeist."

Allerhöchstes Wohlwollen war der Semmeringbahn und ihrem Schöpfer jedenfalls gewiss, die bewundernde Anerkennung durch die internationale Fachwelt nicht minder. Die zeitgenössischen Kritiker hingegen schwiegen betreten. Andere, wie der Dichter Vincenz Chiavacci, bewiesen beredt, dass sie verstanden hatten, was ihnen Meister Ghega sagen wollte. „Diese Objekte sind zum Theil in eine großartige Alpenscenerie mit wildzerklüfteten Felsengebilden hineingebaut und erscheinen dem Reisenden als wunderbares Wechselspiel zwischen den titanischen Naturkräften und dem sie bezähmenden Menschengeist. All die mächtigen Felsengebilde und Bergschluchten erscheinen erst durchgeistigt und menschlich faßbar; wenn wir sie in den Sklavenketten sehen, in die sie der Menschengeist geschlagen hat."

Es sind durchaus schmückende Ketten, sei hinzugefügt, einfühlsam und fast schon zärtlich geschlungen. Aber neben der technischen Überwindung einer hinderlichen Erhöhung ging es ja auch um der Widerspenstigen Zähmung, um die Eroberung der Landschaft, natürlich zu ihrem Vorteil – aus menschlicher Sicht.

Freilich konnte sich – wie andere Berühmtheiten auch – die Semmeringbahn ihre Bewunderer nicht aussuchen. So ließ es sich 1864 Heinrich von Littrow, versehen mit dem nicht wirklich ehrenden Ehrentitel „Barde der Südbahn" nicht nehmen, der Fahrt über den Semmering fast vierzig wohlgereimte Strophen zu widmen. Eine möge für alle stehen:

„In Rauch gehüllt verschwinden die Waggone
Bald in der Grotten feuchter, finst'rer Nacht,
Der Lärm erdröhnt in einem andern Tone,
Der diesen Zug noch geisterhafter macht.
Erfüllet dich des Tunnels Nacht mit Grauen,
So lässt der Tag dich neue Bilder schauen."

Einige Jahre später, als in Wien mit der Weltausstellung 1873 die Technik immer mehr vom Mirakel zum Spektakel tendierte, war in der Wahrnehmung der Semmeringbahn vom Titanenkampf mit den Naturgewalten und grauenvoller Düsternis nicht mehr viel zu spüren. Die Bahn war im Grunde genommen zu einer überdimensionalen Praterattraktion geworden:

„Wir steigen und steigen, winden uns unterirdisch und krümmen uns auf Felsgipfeln um ganz zur Höhe zu gelangen. An unserer Seite rollt und tobt der abwärtseilende Zug vorüber und es ergreift uns ein Bangen, als stürzte sich alles, sammt den Menschenleben zur Tiefe, um in Splittern zu zerschellen. Doch der Angst folgt die siegesbewußte Erhebung des Menschengeistes; wir sehen wie der Zug in die Ferne gleitet, und unter uns, in Windungen, sich gleich einer schwarzen Schlange zum Thale herabzieht."

Aus den Erinnerungen des schon erwähnten Postmeisters Huebmer aus Schottwien leuchtet hingegen schlicht die Freude an einer lustvollen Reise durch eine bildschöne Landschaft:

„Wie lieblich ist schon der Anblick vom Gloggnitzer Schloß, gleich darauf das sich öffnende Reichenauer Tal, von der wunderbaren grünen Schwarza durchströmt; Payerbach mit dem imposanten Talübergang durch die großartige Theuer-Brücke, Eichberg, der Anblick der alten Burgen Kranichberg, Wartenstein und Klamm – am Klammer Bahnhof haltend entlockt die unbeschreiblich schöne Szenerie, die das Tal mit Aue, Schottwien, dem lieblichen Mariaschutz, Göstritz, Otterberg darbietet, einem jeden Reisenden einen Ausruf der Verwunderung und des Entzückens. Dann von Klamm nach Breitenstein über den zerklüfteten, wildromantischen Adlitzgraben, den der Haidbach im schnellen Fall und Lauf durchbrauset, durch den riesigen Felsen der Weinzettlwand über die großartigen Talübersetzungen durch den imposanten Viadukt bei der Kalten Rinne und die Überbrückung im inneren Adlitzgraben, bis endlich die pustende Lokomotive den herrlichen Wolfsberg mit dem wunderbaren imposanten Rax-Panorama erreicht und schnell dem Semmering Tunnel zueilt."

Zwar sind unter den heutigen Fahrgästen der Semmeringbahn Ausrufe der Verwunderung und des Entzückens rar geworden, doch ist es noch immer

Das Viadukt über die Kalte Rinne: Die später so sehr gerühmte Verbindung von Landschaft und Ingenieurarchitektur bedeutete während der Bauarbeiten radikale Eingriffe und großflächige Veränderung.

ein Erlebnis, geruhsam und feierlich durch ein Übermaß an Landschaft bewegt zu werden. Es gibt natürlich auch Leute, die lieber Zeitung lesen oder sich auf dem Bildschirm von You Tube die Welt zeigen lassen, oder das, was sie dafür halten. Für Reisende dieser Sorte kommt dann der neue Basistunnel gerade recht.

Angesichts solch inferiorer Perspektiven sei ein abschließender Rückblick auf heroische (wenn auch

Ein gefährlicher Felssturz an der Weinzettelwand machte die Umfahrung mit einer durchgehenden Galerie unmöglich. So entstand eine spektakuläre Abfolge von Steinbögen und Tunnelbauten.

nicht bessere) Zeiten gestattet. Kaum vierzig Jahre vor dem Baubeginn der Semmeringbahn war es nicht Carlo Ghega, sondern ein anderer großer Stratege, der die Passhöhe zu bezwingen gedachte: Napoleon. Er reiste also von Wiener Neustadt kommend an und nahm Quartier in Schottwien. Der bewährte Chronist und Postmeister Josef Huebmer war damals zwar noch nicht geboren, kannte aber sehr wohl Leute, die als Augenzeugen von diesem imperialen Ereignis berichten konnten – einen Vorgänger im Amte, den Postmeister Franz C. Gottlieb, betraf es sogar persönlich. Er wurde nämlich, schreibt Huebmer,

„[...] zur Audienz, oder besser gesagt, zum Verhör befohlen. Dieser [Anm.: Gottlieb] wurde schon im Vorhause eingehender Körper-Revision unterzogen, darauf aber noch vom Leib-Mameluken = Leibwächter Rustan bei der linken Hand gepackt u. so eingeschraubt in das vorgeschriebene Zimmer geführt. Die Fragen, die ihm vorgelegt wurden, bezogen sich natürlich, ob und wann das letzte Mal Militär und Landsturm hier war, Aufschluß über Wege, die zum Semmering führen, Verbindungswege, Verproviantierung ect. Nach kurzer Nachtruhe ritt Napoleon gleich nach fünf Uhr früh mit starker Escorte am Semmering, aber nicht bis zur Steyrischen Grenze, sondern nur bis zur jener Höhe, wo der sogenannte Almweg am Göstritz abzweigt, etwas oberhalb der jetzigen Kapelle; [Anm.: der sogenannte Bärensattel, wo heute der zugesperrte Bärenwirt von besseren Zeiten und frischen Bachforellen träumt] – von dort aus wurde der Semmering, sowie die alte Mürtenbrücke mit Feldstechern besichtigt, und von Offizieren Aufzeichnungen gemacht – sodann wieder die kurze Strecke nach Schottwien zurückgeritten."

Das ist allerdings nur eine Hälfte der Geschichte. Napoleon wusste damals nämlich nicht, dass es auf dem Semmering einen ebenso hellsichtigen wie querköpfigen Bergbauern namens Johann Polleros gab. Schon geraume Zeit hatte dieser argwöhnisch und besorgt die Umtriebe des Feldherren verfolgt und war letztlich zur Erkenntnis gelangt, dass dieser Mensch von Übel sei, ein Verbrecher, dem ein aufrechter Mann Einhalt zu gebieten hatte, wenn es schon sonst niemand tat. Er verbündete sich mit einem Freund, Josef Lohnegger, Bergknappe von Beruf und Wilderer von Berufung. Als die beiden erfuhren, dass Napoleon vorhatte, die Passhöhe zu besichtigen, entschlossen sie sich kurzerhand, ihm an der Myrthenbrücke aufzulauern und ihn zu erschießen. Der Feldherr hielt jedoch, wie wir wissen, in sicherer Entfernung an, die Freunde kamen nicht zum Schuss und die Weltgeschichte war um eine dramatische Wendung ärmer.

Jedenfalls ist dieses Mordkomplott belegt und Josef Huebmer berichtet, dass er beide Beteiligten gut kannte, mit einem, Lohnegger, sogar „in regstem freundschaftlichen Verkehr" stand. Dass Johann Polleros – als „Napoleonbauer" ist er sogar zum Romanhelden geworden – überdies ein erbitterter Gegner des Bahnbaus war, wird auch noch erzählt. Auch wird ihm unterstellt, Herrn Ghega ans Leben gewollt zu haben. Als die erste Lokomotive über die Passhöhe keuchte, will die Fama wissen, dass Polleros versuchte, sie mit wütend vorgereckter Hand aufzuhalten –, doch das gehört nun wirklich ins Reich der Anekdote.

Berg und Tal

Zweimal bestieg Franz Joseph Karl von Habsburg den Schneeberg, erst einmal als Franz II., letzter Kaiser des Heiligen Römischen Reiches Deutscher Nation, dann, knapp zwei Jahre später, als Franz I., Kaiser von Österreich. Dieses bestürzend rasche Schrumpfen der kaiserlichen Perspektive war den gefährlichen Umtrieben Napoleons geschuldet.

Graf Hoyos, zu dessen Herrschaft damals ein guter Teil des Schneebergs gehörte, beeilte sich, auf dem zweithöchsten Gipfel, der fortan den Namen Kaiserstein trug, einen Gedenkstein, auch Siegessäule genannt, errichten zu lassen. Die Inschrift gibt kund:

„Franz der Erste
in dem Herzen seiner Unterthanen
Erstieg diese Höhen
am 10. August 1805 und
am 30. Juli 1807.
Wohlwollend sah er auf das Land
Herab, dessen Einwohner nur

Auch an sich unerhebliche Erhebungen können zu einiger Bedeutung gelangen. Mit immerhin 593 Metern Seehöhe erinnert der Kletschka-Hügel an einen der ersten und treuesten Sommerfrischler im Tal von Reichenau.

Für ihn zu leben wünschen.
Möge dieses Denkmal
Der Anhänglichkeit zu einem
Väterlichen Monarchen
Unsere Nachkommen an ihre
Pflicht erinnern.“

Ein paar Jahrzehnte später häufte dann ein Graf Hoyos, nämlich Ernst Karl der Jüngere, Großwildjäger und Abenteurer, im Casino von Monte Carlo dermaßen horrende Spielschulden an, dass er sich vom Schneeberg trennen musste. Ein geopfertes Kaiserreich und ein verspielter Berg ... der feudale Blick in die Niederungen des Daseins mag schmerzen, doch die Dimensionen bleiben achtungsgebietend.

Ein geologisches Stockwerk tiefer gibt sich der Kletschka-Hügel nicht den geringsten Anschein, majestätisch in die Lüfte zu ragen. Aber er ist immerhin eine Erhebung, von der aus Rax und Schneeberg schön zu sehen sind, und die es zu einem Namen gebracht hat. Dies verdankt er einem k.k. Beamten, der seinerseits keine herausragende Stellung inne hatte. Immerhin schaffte es Georg Kletschka den subalternen Rang eines Registratur-Accessisten im Kriegsministerium mit dem Amt des k.k. Stadt-Convict-Inspektors zu vertauschen und damit zum Verwalter von Studenten-Quartieren der Wiener Universität zu werden. Das war eine bescheidene Karriere, verbunden mit dem bekanntermaßen ebenso verlässlichen wie kargen Salär eines Beamten. Aber Kletschka durfte sich – Genügsamkeit vorausgesetzt – zu den wenigen zählen, die es sich leisten konnten, dem romantischen Drängen des k.k. Hofschauspielers und Poeten Franz Carl Weidmann zu folgen:

„Nehmt mich auf, ihr vaterländ'schen Höhen
Alpentäler, öffnet euren Schoß.
Läßt mir Stärkung in die Seele wehen
Mich vergessen hier mein ernstes Los."

Herr Kletschka wagte also die Reise zu den lockend geöffneten Alpentälern und in sie hinein. Das bedeutete für ihn, seine Frau und die beiden Töchter, zwei Tage anstrengende Fahrt im sechsspännigen Pferdewagen, die überdies recht teuer war. Endlich im Tal von Reichenau angekommen, galt es dann auch noch, das Quartier zu finanzieren. Es gab das einfache Schlosswirtshaus, den Gasthof Oberdorfer (an der Stelle des heutigen Hotels Marienhof) und auch schon den später so legendären Thalhof der Familie Waißnix.

Im Tal von Reichenau fanden Reisende schon einigermaßen komfortable Gastlichkeit vor, als oben auf dem Semmering die Sommerfrische noch gar nicht erfunden war – und das hatte seinen Preis. Familie Kletschka ließ es sich dennoch nicht verdrießen. Sie traf erstmals 1830 in Reichenau ein und kam fortan Jahr für Jahr, bis Georg Kletschka – viel zu früh – 1838 an einer Gehirnlähmung starb.

Reichenau war damals ein Gutsweiler mit staubigen Straßen, die nachts unbeleuchtet blieben. Noch war kaum jemand auf die Idee gekommen, dass es nützlich und einträglich sein könnte, jene Fremden, die schwärmerischen Gemütes aufs Land zogen, mit Kurzweil und Unterhaltung zu versorgen. Außerdem verbrachten noch nicht viele eine längere Zeit der Sommerfrische hier. Diese Wenigen verband allerdings die gemeinsame Erfahrung der Ausgesetztheit und des Abenteuers in einer von ehrfürchtigem Schaudern und weihevoller Lust durchwehten Gebirgslandschaft. Gleichzeitig war man beruhigend geborgen in weichen Betten, bei kräftigem Essen und in heiterer Gesellschaft.

Für Georg Kletschka und seinen Kreis war die Sommerfrische ein großes, befreiendes Aufatmen. Und diese Sauberkeit, nein, Reinheit in allem!

Und es gab so viel zu erkunden! Tal und Hügel, eingerahmt vom Gebirge, wie es majestätischer und dramatischer kaum vorstellbar war, Sommerwiesen, kühler, dunkler Wald und all dies durchsetzt mit anregend aufregenden Zeugnissen menschlicher Betriebsamkeit: Mühlen, Hammerwerke, Schlote, Bergwerksstollen, Kohlenmeiler oder gar eine Eisenschmelze. Im Wien des frühen 19. Jahrhunderts erwies sich die stinkende, lärmende Welt der industriellen Revolution als unangenehm und bedrohlich. Pittoreske Arbeitswelten, pointiert eingebettet in wildromantische Natur, waren hingegen begehrte Fundstücke, trefflich geeignet, bildungsbeflissene Neugier zu erregen. Die Armut in der Stadt war schmutzig, gefährlich aggressiv und unzivilisiert. Die Armut auf dem Lande war reinlich, gottergeben und irgendwie edel. Für Georg Kletschka und seinen Kreis war die Sommerfrische ein großes, befreiendes Aufatmen. Und diese Sauberkeit, nein, Reinheit in allem! Familie Kletschka, im Wien des Biedermeier mit Trinkwasser von mehr als zweifelhafter Qualität versorgt, durfte Sommer für Sommer angesichts einer kristallklar plätschernden Schwarza ihre Rückkehr zu den wahren Quellen des Lebens feiern. Gut möglich, dass auch ein Ausflug ins wildromantische Höllental unternommen wurde, nach Kaiserbrunn, wo jenes köstliche Nass sprudelte, das damals dazu auserlesen war, den kaiserlichen Hof zu erquicken. Gut 60 Stunden waren die Wasserreiter mit ihren Fässern unterwegs. So war das eben: es gab einen Herrscher und viele Untertanen, nicht wenige Beamte dazwischen, solche zum Beispiel wie Georg Kletschka. Dieser mochte angesichts des brodelnden Schmelztiegels Wien ein gewisses Unbehagen verspürt haben, doch das Revolutionsjahr 1848 war für ihn vermutlich ebenso unvorstellbar, wie die Tatsache, dass Kaiser Franz Joseph in seiner unendlichen Güte eines Tages seinen Privatbrunnen den Wienern schenken würde.

*Biedermeier, das Revolutionsjahr 1848, der Bau der Semmeringbahn ...
Ein Jahrhundert der Spannungen, Brüche und Neuerungen brachte
den Tälern von Payerbach und Reichenau insgesamt eine durchaus
gedeihliche Entwicklung.*

Dem romantisch verklärten Blick auf eine Welt vor dem urbanen Sündenfall entsprach ein entspannter, wohlmeinender, ja herzlicher Umgang der Sommerfrischler untereinander, aber auch mit ihren Quartiergebern und anderen Einheimischen. In Wien war man gut beraten, Konventionen zu beachten und sich von Menschen, denen ohnehin nicht zu helfen war, abzuschotten. In der Sommerfrische gehörte freundliches Interesse an allem und – mitunter sogar wohltätige – Anteilnahme zum Alltag. Offensichtlich hat sich Herr Kletschka nicht damit begnügt, sich gut zu benehmen. Als besonders wertvolles Mitglied der Sommerfrische-Gesellschaft fanden ihn seine Freunde eines Gedenksteins würdig, als sich sein Abschied für immer ankündigte. So haben sie denn beide ihr steinernes Angedenken bekommen. Kaiser Franz auf dem Kaiserstein, der Herr Kletschka auf dem Kletschkahügel.

„Es gibt jetzt keinen Berg, über den man nicht eine Eisenbahn führen, keinen Fluss mehr, über den man nicht eine Brücke schlagen könnte.“

Noch einmal Schneeberg, und noch einmal Habsburg. Diesmal geht es allerdings um einen Gipfel, dessen majestätische Einsamkeit unter die Räder gekommen ist, und um einen Kaiser, dem es nicht erspart blieb, den Niedergang seines Reiches und seiner Ehe unter schweren Seufzern zu verwalten.

Als es endlich gelungen war, dem Semmering einen Schienenstrang anzulegen, stand im Triestiner „Lloyd“ zu lesen: „Es gibt jetzt keinen Berg, über den man nicht eine Eisenbahn führen, keinen Fluß mehr, über den man nicht eine Brücke schlagen könnte.“ Alles klar: Es gab noch keine Eisenbahn, die den Schneeberg erklomm, also musste es sie geben. Der Wiener Ingenieur Leo Arnoldi schritt ungestüm an die Planung der Schneebergbahn. 1895 wurde mit der Planung begonnen, 1896 entstand die Trasse für die Zahnradbahn und schon 1897 war der Hochschneeberg zur Bahnstation geworden. Dazu gehörte natürlich ein theatralisch-erhabenes Gipfelhotel, errichtet im Auftrag der k.k. Staatsbahnen nach den Plänen der sattsam bekannten Herren Fellner & Helmer. Endlich hatte die Welt der Ringstraße auch den Schneeberg erreicht. Doch diesem urbanen Triumph im Hochgebirge fehlte eine Pointe, eine feingeistige Überhöhung, mochte sie wissenschaftlicher oder metaphysischer Natur sein, oder beides.

Schon Jahrzehnte zuvor, als der Schneeberg noch erklommen und nicht befahren wurde, hatten sich Forscher vergeblich ein Observatorium auf eisigen Höhen gewünscht. Mit dem Bau der Zahnradbahn beeilte sich dann der neu gegründete „Club der Schneebergfreunde“ dem Zeitgeist zu huldigen und plante ein Observatorium mit Zusatznutzen, in dem angesichts der zu erwartenden Besucherströme auch gleich die Ingenieurskunst Arnoldis vermarktet wurde.

Die Ermordung der Kaiserin Elisabeth warf dann allerdings völlig neue Aspekte auf. Das Haus auf dem Berg sollte nunmehr zur Votivstätte werden, der Wissenschaft dienen und mit einem Aussichtsturm auch Touristen erfreuen. Es wurden aber auch besonnene Stimmen laut, die meinten, es müsse doch vorerst auch genügen, der toten Kaiserin zu gedenken. Der „Club der Schneebergfreunde" löste sich beleidigt auf (er hatte auch kein Geld mehr) und das Bauvorhaben erfuhr eine klerikale Wende. Doch auch Gottes Segen und kaiserliches Wohlwollen ließen die finanziellen Probleme bestehen. Der neue Initiator, Pfarrer Anton Falk, ging jedoch, unterstützt von prominenten Freunden und Förderern, unbeirrbar seinen Weg. Es gelang ihm sogar, mit Rudolf Goebel einen Architekten zu gewinnen, den man mit einiger Nachsicht der Otto-Wagner-Schule zurechnen darf. Er hatte zwar wirklich bei Wagner Architektur an der Akademie der bildenden Künste inskribiert, beendete sein Studium allerdings nach bereits einem Semester. Dass er dennoch zu einem der meist beschäftigten Architekten der Jahrhundertwende wurde, lag wohl in jener eleganten Geläufigkeit begründet, mit der er bewährte Massenware im Stil des Späthistorismus mit secessionistischem Dekor versah. Dennoch ist sein einziges öffentliches Bauwerk, die kleine Elisabeth-Gedächtniskirche auf dem Schneeberg, durchaus auch im Sinne seines Kurzzeit-Lehrmeisters so überzeugend gelungen, dass es sogar in Fachkreisen Anerkennung fand. 1901 rang sich die Zeitschrift „Bautechniker“ immerhin die Attribute „monumental“ und „originell“ ab. Das Kirchlein wurde feierlich eröffnet, Weihbischof Godfried Marschall waltete seines Amtes, Erzherzog Rainer war anwesend und Peter Rosegger hatte einen Vers geschmiedet, der beflissen versuchte, alles auf einen Nenner zu bringen: „Sei mir gegrüßt, du schönes reines, auf einsamer Höhe erblühendes Edelweiß, erhaben trauerndes Sinnbild du der herrlichen Frau!“

Zwei Jahre nach diesem alpinen Weiheakt ging es etwa tausend Meter tiefer, auf dem Kreuzberg, wieder um Elisabeth. Der Wiener Silberwarenproduzent Edmund Bachmann wollte zwar auch zur noblen Freizeit-Gesellschaft auf dem Semmering gehören, zog es jedoch vor, sein Anwesen in ruhiger, bäuerlicher Umgebung zu errichten. Weil er überdies ein wohltätiger Mann war, kaisertreu und fromm, ließ er im Oberen Payerbachgraben die Elisabethkapelle in neugotischem Stil bauen. Er wollte damit sich und der Bevölkerung ringsum einen stillen Ort der Besinnung schenken, mit allem eingerichtet, was man für Messfeiern und Andachten eben so brauchte. Mehrfach renoviert, gibt es die Kapelle noch immer. Unaufdringlich schmückt sie eine Landschaft, der es bis heute erspart geblieben

Gold, kontemplatives Dunkel und eine Ahnung von Farbe und Licht in der Tiefe: Die Elisabethkapelle auf dem Kreuzberg ist klein, aber ihr fehlt nichts von dem, was ein frommer Mensch so braucht.

ist, zum stark geschminkten, allzu reich dekorierten Lustobjekt zu werden. Ein Berg ist der Kreuzberg eigentlich nicht, für einen Hügel ist er aber viel zu erheblich. So schiebt er sich sanft, aber nachdrücklich zwischen die Adlitzgräben und das Schwarzatal, gehört Breitenstein, Payerbach und Reichenau, vor allem aber sich selbst.

Der letzte Gipfelsturm in diesem Kapitel ist keiner, weil die Rax als Plateauberg mit drei Hochflächen eine recht vieldeutige Gipfellandschaft aufweist und sogar die höchste Erhebung mit 2007 m als „Heukuppe" tiefstapelt. Auch raubten weder kühne Alpinisten noch träge Seilbahnbenutzer der Rax ihre Unschuld. Ein Berg, der sich mit Wasser, Wäldern und Bodenschätzen umgibt und dann auch noch in der Nähe von Wien aufragt, wird auch ohne Tourismus zum Objekt der Begierde.

Gegen Ende des 18. Jahrhunderts verbrauchten die Hammerwerke und Schmelzöfen im Land ringsum Unmengen von Holzkohle. Die Köhler schufteten unter elenden Bedingungen: An die sechs Wochen währte die gefährliche Arbeit am Meiler, der Tag und Nacht betreut sein wollte. Dann blieben ein paar freie Tage. Zeit und Geld reichten gerade für einen billigen Rausch im Wirtshaus. Die Meiler rauchten, die Bäume fielen und in wenigen Jahrzehnten waren die nahen Wälder abgeholzt. Damit kommen zwei Fachleute ins Spiel, deren bedenkenloses Geschick im energieeffizienten Kahlschlag bekannt war. Georg Huebmer und sein Bruder Johann stammten aus dem Salzkammergut (übrigens auch ein vorindustriell geprägter Lebensraum, der es dann mit dem Fremdenverkehr versuchen musste). Als es für die beiden Holzknechte und ihre Gefährten als Lutheraner in ihrer Heimat ungemütlich wurde, sorgten sie erst einmal dafür, dass in den Schmelzen der Innerberger Eisengewinnung die Feuer loderten. Dann nahm sie Graf Hoyos unter Vertrag. Die Brüder kamen, schlägerten und kassierten. Sie und ihre mitgebrachten Fachleute schafften das Holz aus den Bergwäldern mit Rinnen und Riesen zur Trift durch das Höllental, erst bis Hirschwang und später auf dem Wiener Neustädter Kanal nach Wien. Als das Tal mit der neuen Holzfällersiedlung Nasswald kahl geschlagen war, ging's den Urwäldern jenseits der Wasserscheide an die Stämme. Ihr Holz wurde durch einen 450 m langen Stollen durch den Berg geschwemmt.

Die Brüder Huebmer waren fleißig, einfallsreich, rücksichtslos, verlässliche Vertragspartner und einigermaßen anständige Arbeitgeber. Titanen im Kampf mit den Naturgewalten waren sie nicht, auch wenn es dem biedermeierlichen Blick auf die Landschaft und die Rolle des Menschen in ihr entsprach. Dennoch fanden die Kahlschlagbrüder ihren Barden. Ottokar Janetschek, Angestellter der Südbahnverwaltung und Bratschist im Wiener Neustädter Eisenbahnorchester, war eines Tages mit Peter

Rosegger zusammengetroffen, der ihn leutselig dazu ermunterte, Schriftsteller zu werden. Fortan verfasste Janetschek einen historischen Roman nach dem anderen und verlieh dabei griffige Titel. Johann Polleros wurde als „Napoleonbauer“ zum Inbegriff des erdigen Kraftlackels und Georg Huebmer ward pathetisch heroisierend zum „Raxkönig“ erkoren, und auch Ludwig van Beethoven ist ein durchaus eindrucksvoller Roman gewidmet: „Der Titan“. Der literarische Gipfelsturm auf die Höhen des Olymps ist Ottokar Janetschek dennoch nicht ganz gelungen. Aber in Perchtoldsdorf ist eine Gasse nach ihm benannt. Parallel dazu verläuft die Beethovenstraße. Was will man mehr?

Die Rax blieb seit den fernen Tagen Huebmers nützlich. Nach dem Holz lieferte sie gemeinsam mit dem Schneeberg Trinkwasser nach Wien. Die steinernen Einstiegstürmchen der Ersten Wiener Hochquellenwasserleitung stehen heute als oberirdische Denkmäler eines großteils unterirdischen Wasserweges unter Denkmalschutz. Auch der Tourismus nahm den Berg in Besitz, erst Schritt für Schritt, dann im Ansturm der Massen. Heute, angesichts von Mega-Events in Gletscherregionen hat die Rax fast schon die gute alte Unschuld wieder, als viel begangener, viel bekletterter Hausberg der Wiener.

Ja, und jetzt folgt noch ein ungebührlicher Modernismus, aber es muss einfach sein: www.youtube.com/watch?v=QpI_1G41l04. Georg Kreisler und „Max auf der Rax“ in literarisch-satirischer Vollendung. Es geht um das „Echo der raxigen Schlucht“ bekannt als das „laxeste Echo im raxigen Land“. Dieses heimtückische Echo vertauscht Vokale. Bis zum umwerfend bitteren Ende.

Die Antipoden

Der eine: Viktor Silberer, Sportler, Journalist, Luftfahrtpionier, Politiker, Präsident, Spekulant, Hotelier, Universalgenie (für seine Bewunderer), Lügner und Betrüger (für seine Gegner), selbst ernannter Semmeringkönig.

Der andere: Adolf Loos, Architekt.

Mit dem Semmering haben sie beide zu tun.

Doch ich bin Viktor Silberer erstmals nicht auf dem Semmering begegnet, sondern im Technischen Museum. Als grau gewordenes Kind fühle ich mich immer wieder dort wohl, und eines Tages habe ich in der Sammlung „Luftfahrt" das Modell eines von Josef Ressel konstruierten Dampfluftschiffes entdeckt – eine Leihgabe Viktor Silberers. Es ist nicht einfach, sich ein Bild von ihm zu machen, weil es so viele Bilder gibt. Aber vielleicht taugt eines aus Kindertagen als Erklärung für die anderen: Ein siebenjähriger Bub steht im Garten der Wiener Sofiensäle. Die vielen aufgeregten Menschen um ihn nimmt er nicht mehr wahr, weil er nur Augen für den

Josef Ressel, der glücklose Erfinder der Schiffsschraube, dachte auch über Windmühlen, die Rohrpost, Seifen, Kugellager und jenes Dampfluftschiff nach, dessen Modell Viktor Silberer dem Wiener Technischen Museum lieh.

Himmel hat und den Ballon des Franzosen Eugêne Godar. Da löst sich ein Mensch aus der Erdenschwere, steigt über Köpfe, Bäume, Dächer hinweg, fährt durch die Luft. So werden Träume wach. Doch Träume waren für Viktor Silberer immer nur der Anfang. Dem Traum entsprach die Vision, zur Idee verdichtet. Dann ging es nur noch darum, die geeignete Taktik zu finden, genügend Geld und anderes Werkzeug herbeizuschaffen, und die so gewonnene Kompetenz und Energie klug, einfallsreich und ohne kleinliche Bedenken zu nutzen. Dem verwirklichten Traum mochte es ein wenig an seiner ursprünglichen Unschuld und Leichtigkeit fehlen, doch dieser kleine Makel verschwand unter opulentem Dekor.

Das nächste Bild in meinem Kopf stammt aus dem Jahr 1868 und zeigt Viktor Silberer im Alter von 22 Jahren. Seine kaufmännische Ausbildung hat er mit Fleiß und Ehrgeiz hinter sich gebracht, wissend, dass jeder erfolgreiche Höhenflug eine solide Basis braucht. Erste Berufserfahrungen gibt es auch schon: im Bankwesen und in einer Zeitungsredaktion. Es tut sich einiges in Wien und in der Donaumonarchie, so etwas wie frischer Wind weht. Vor etwa einem Jahrzehnt ist die Stadtmauer gefallen, seitdem wächst die enge, altertümliche Mitte über sich hinaus zur Großstadt heran. 1867 ist die Dezemberverfassung in Kraft getreten, wenigstens auf dem Papier der Entwurf für ein künftiges Europa. In Wiener Neustadt findet der erste „Österreichische Arbeitertag“ statt. Aber der junge Viktor Silberer träumt wieder einmal, diesmal von Amerika und seinen unbegrenzten Möglichkeiten. Also New York, statt Wien. Das war doch was: freie, kraftvolle Medien, die informierten und dirigierten, aber auch Trends unters Volk brachten und damit neue Märkte schufen. Silberer lernte rasch, hatte Erfolg und gönnte sich so zwischendurch die erste Ballonfahrt seines Lebens.

Als Politiker gab er sich prinzipiell liberal, gefiel sich dann aber unverhohlen in der Nähe der Macht, verkörpert durch Karl Lueger, ohne dessen Antisemitismus zu teilen.

Wieder in Wien ging er zielstrebig daran, einträgliche Zielgruppen mit Medien zu bedienen, gründete das „Wiener Salonblatt“, kaufte die „Militär-Zeitung“ und schuf die „Allgemeine Sportzeitung“, die erste ihrer Art in der Donaumonarchie, dann auch noch eine noble Ergänzung: die Monatszeitschrift „Sport & Salon.“ Er ließ nichts unversucht, seine Position als Marktführer in diesem Bereich auf vielen Ebenen auszubauen und zu festigen (und seinen Spaß daran zu haben). Er überzeugte als Sportler in vielen Disziplinen, gab dem Trabrennverein in der Krieau die Sporen, organisierte die erste Ruderregatta in Wien und das erste Wettschwimmen. Als Politiker gab er sich prinzipiell liberal, gefiel sich dann aber unverhohlen in der Nähe der Macht, verkörpert durch Karl Lueger, ohne dessen Antisemitismus zu teilen.

Viktor Silberer war am Semmering auf der Höhe seines Ruhms und auf der Höhe der Technik. Als sein alt gewordener Freund und Gönner Karl Lueger ihn zum letzten Mal besuchte, war er noch mit der Kutsche unterwegs.

Nach dem Tod des allmächtigen Mentors hatte er dann nichts mehr mit den Christlich-Sozialen im Sinn und schrieb fortan für die Arbeiterzeitung.

In all den Jahren sammelte Silberer Triumphe wie andere Briefmarken, häufte ein Vermögen an und investierte großzügig in seinen Kindertraum: die Reise durch die Luft. Silberer gönnte sich einen eigenen Ballon, nebst Halle mit Gasanschluss im Prater, gründete die „Wiener Aeronautische Anstalt“ und später den „Wiener Aeroklub.“

So nebenbei verfasste er auch Bücher, darunter das heute noch gültige Standardwerk, die Anfänge des Radfahrens betreffend: „Handbuch des Bisycle Sports.“

Der Höhenflug Viktor Silberers als Wiener Universalgenie fiel irgendwann so imposant aus, dass dem nichts mehr hinzuzufügen war. Eine neue Bühne für Selbstdarstellung und Selbstverwirklichung musste her: hoch oben, mit spektakulären Kulissen, exponiert und dennoch in Wien präsent. Viktor Silberer träumte also wieder einmal, diesmal vom Semmering, seinem Semmering. Wo sollte ein vermögender Gesellschaftslöwe, kühner Visionär und Sportsmann in den besten Jahren sonst hin?

Als er dort gegen Ende des 19. Jahrhunderts Grundbesitz erwarb (und sich dabei nicht erst mit Kleinigkeiten abgab), hatte die relativ junge Villen- und Hotelkolonie längst ein gutes Stück Weg von romantisch verbrämten Anfängen zum protzig dekorierten Alpin-Spielplatz zurückgelegt. Der Hofbildhauer Franz Schönthaler hatte noch Glück und Gesundheit im Sinn gehabt, als er dem Bauern Polleros (da ist der Name wieder!) Grund abkaufte, um elitären Raum für wenige Villen in schlichter Holzbauweise zu schaffen. Kaum hatte er sein „Meran in den Alpen“ bis auf einen kleinen Rest für sein eigenes Domizil an die Südbahngesellschaft weitergeben – und das auch noch ohne Profit –, wurde er bitter enttäuscht. In einer Art Goldrausch wurde gebaut, investiert, spekuliert und repräsentiert.

Silberer erkannte allerdings kühl analysierend, dass in diesem hastigen Vorwärtsstürmen auch die Gefahr lag, Irrwege zu gehen, zu stolpern oder gar tief zu fallen. Die Entwicklung auf dem Semmering brauchte dringend eine starke Hand, eine sichere Lenkung und klare Perspektiven. Damit konnte er dienen. Sein dienstbarer Wille zur Macht brauchte allerdings starke Verbündete – und die waren im „Semmeringer-Verein“ zu finden, der allenfalls im Bürgermeister einen akzeptablen Gesprächspartner sah, dessen Gemeinderäte aber schon froh sein mussten, wenn sie sich als Erfüllungsgehilfen nützlich machen konnten. Silberer zückte also sein bewährtes Instrumentarium und sorgte dafür, dass er Vereinspräsident wurde. Um über das Murren der heimischen Bevölkerung hinweg die richtigen Inhalte unter die richtigen Leute zu bringen, gab er auch noch die „Semmeringer Zeitung“ heraus.

Silberer ließ dabei keinen Zweifel daran, wer nunmehr hier das Sagen hatte. Seine Wünsche an den Bürgermeister waren nur beiläufig als Anregungen maskiert und wenn er der Meinung war, dass die Eisenbahn andere Tarife oder Ankunftszeiten brauchte, hatte die Südbahngesellschaft gefälligst diese Meinung zu teilen. Silberers Hofstaat dienerte unwillig, die Einheimischen konnten ihn schlichtweg nicht leiden, aber er war unentbehrlich, unersetzlich und unumgänglich.

Damit war seine Herrschaft etabliert, doch der König brauchte eine Residenz. Silberer pfiff also Josef Bündsdorf herbei (nachdem ihm die Ideen von Fellner & Helmer zu hausbacken waren) und zwang ihn, verächtlich auf den Heimatstil oder gar die Moderne herniederblickend, eine Miniatur des Schlosses Neuschwanstein zu errichten, pointiert und unübersehbar in die Landschaft gestellt. Im Gegensatz zum unglückseligen Bayernkönig war Silberer allerdings klaren Sinnes und achtete darauf, dass sein Schlösschen, ausgestattet mit modernster Haustechnik, komfortabel bewohnbar war. Solchermaßen schön sesshaft geworden, ließ Silberer auch noch das Hotel Erzherzog Johann errichten. Hier zeigte sich dann sein Geschick auch in klarer Selbsteinschätzung und in der Beschränkung: Erkennend, dass sein Talent für den Beruf des Hoteliers bescheiden war, gab er die Last ohne zu zögern an Franz Panhans weiter.

Es soll nicht verschwiegen werden, dass Viktor Silberer nicht nur reich, sondern auch wohltätig war: Stiftungen in Wien und auf dem Semmering zeugen davon.

Gegen Ende seines Lebens hatte er nur noch wenig Freude an all den verwirklichten Träumen. Auf dem Semmering machte sich mit Eduard Engelmann ein anderer Unternehmer und Sportsmann wichtig (dessen Villa zu allem Überdruss noch viel weiter oben stand), und sein zum Nachfolger bestimmter Sohn beging Selbstmord. Viktor Silberer verkaufte sein Lebenswerk. An beiden Beinen gelähmt, verbrachte er die letzten Jahre in seinem Wiener Haus.

Ich frage mich, ob Viktor Silberer und Adolf Loos einander je persönlich begegnet sind. An Gesprächsthemen hätte es nicht gefehlt.

Ich frage mich, ob Viktor Silberer und Adolf Loos einander je persönlich begegnet sind. An Gesprächsthemen hätte es nicht gefehlt. Es gab, was überraschen mag, Gemeinsamkeiten: Beide hatten eine Spanne Zeit ihres Lebens in Amerika verbracht, Silberer zielsicher und erfolgreich, Loos ums tägliche Überleben kämpfend, allmählich aber doch als Möbelzeichner und Architekt gefragt. Einer wie der andere hat seine Lektion gelernt: Silberer das Funktionieren der modernen Mediengesellschaft, Loos die Formensprache der Chicagoer Schule, fernab

Die Gegengesellschaft zum etablierten Semmering. Links im Bild fühlt sich Adolf Loos (stehend) zwischen den Eheleuten Schwarzwald gut aufgehoben. Rechts sitzt Peter Altenberg.

vom Ornament. Beide pflegten einen üppigen, extrovertierten Lebensstil, Silberer in den besten Kreisen, dominierend gönnerhaft und seiner Strahlkraft bewusst, Loos in den besten Anzügen, Moral und Werte des Establishments verachtend. Und es gab natürlich Gegensätze. Für Silberer taugten Kunst und Architektur allenfalls als Mittel zur Selbstdarstellung. Loos war ein Architekt hochwertiger, durch sensible und anspruchsvolle Materialwahl veredelter Funktionalität. Das theatralische Architekturgewitter auf dem Semmering entsprach durchaus Silberers Wesen. Adolf Loos konnte dieser in seinen Augen schmerzlichen Zusammenballung abstrusester Abscheulichkeit nur mit heftigem Abscheu und Sarkasmus begegnet sein.

Folgerichtig ist Loos mit seinen großen Projekten auf dem Semmering gescheitert. Eines betraf eine der interessantesten Frauen dieser Zeit, die Schulreformerin Dr. Eugenie Schwarzwald. Ihre Pädagogik folgte Grundsätzen, die im Kaiserreich verdächtig nach Anarchie rochen: Gewaltfreiheit, Förderung der Fantasie und Gestaltungskraft, freie Entfaltung jedes Kindes. Dennoch war sie, so gut es eben in einem restriktiven Umfeld möglich war, erfolgreich. Wie es sich denken lässt, waren zahlreiche Künstler in ihrem Bekanntenkreis. Mit Adolf Loos, der ihre Wiener Wohnung gestaltet hatte, wollte sie am Semmering, genauer gesagt, am Abhang des Pinkenkogels (dort, wo sich heute der Golfplatz befindet) ein ganz großes Projekt verwirklichen, nämlich eine Erziehungs- und Unterrichtsanstalt als „Gegenpol zum hyperkultivierten Leben der Großstadt". Über das Gestaltungsprinzip herrschte Einigkeit: „Winkel werden an den Wiesen, Feldern, Bergspitzen und Sternen gemessen." Loos erstellte einen Entwurf, und sogar die Finanzierung schien durch wohlhabende Gönner gesichert zu sein, als der Ausbruch des Ersten Weltkrieges alles zunichtemachte.

In dieser Zeit arbeitete Loos im Auftrag einer Schweizer Bankengruppe auch am Konzept für ein großes Sporthotel, bis zu 14 Geschoße hoch, ausgestattet mit einem Varieté-Theater, Sälen aller Art und einem Schwimmbad. Auch dieses Vorhaben wurde nicht verwirklicht.

Dennoch gibt es Bleibendes von Adolf Loos aus dieser Zeit auf dem Semmering. Im Jahrbuch der Schwarzwald'schen Schulanstalten wurden damals erstmals seine berühmten „regeln für den, der in bergen baut" abgedruckt. Schon der Beginn dieser kurzen Abhandlung schreibt die Beziehung des Architekten zur Landschaft in verbindlicher Klarheit fest. „Baue nicht malerisch. Überlasse solche wirkung den mauern, den bergen und der sonne." Im letzten Absatz verbinden sich hingegen unwiderstehlich schlüssig Tradition und Moderne: „Fürchte nicht unmodern gescholten zu werden. Veränderungen der alten bauweise sind nur dann erlaubt, wenn sie eine verbesserung bedeuten, sonst aber bleibe beim alten. Denn die wahrheit, und sei sie hunderte von jahren alt, hat mit uns mehr inneren zusammenhang als die lüge, die neben uns schreitet."

Fast zwei Jahrzehnte sollten vergehen, bis Loos diesen Grundsätzen auch mit einem Bauwerk im Gebiet des Semmering gerecht werden konnte.

Der Kontakt mit dem Bauherrn, dem Fabrikanten Paul Khuner, bestand damals schon länger: 1907 hatte Loos dessen Wiener Wohnung eingerichtet.

Das Loos-Haus, erbaut als Landhaus Khuner, auf dem Kreuzberg. Erstaunlich und erfreulich, wie schlüssig hier Klarheit und Behaglichkeit zueinander passen, Schlichtheit und gediegener Wert.

1927 dann, als Loos in Paris weilte und wieder einmal, wie es so seine Art war, viel Geld ausgab und wenig verdiente, erwies sich Khuner als hilfsbereiter und überdies sehr taktvoller Freund. In einem Brief an den Architekten erzählte er von der Freude, die ihm seine Wohnung nach wie vor vermittle und kam leichthin zu einem generösen Entschluss: „Ich habe deshalb das Gefühl, daß das Honorar, das ich Ihnen zur Zeit zahlte, viel zu klein war und daß ich Ihnen eine Ergänzung schuldig bin. Gestatten Sie, daß ich mein Gewissen durch Übersendung des beiliegenden Schecks über Fr. 10 000 erleichtere."

„Gestatten Sie, daß ich mein Gewissen durch Übersendung des beiliegenden Schecks über Fr. 10 000 erleichtere."

Bald darauf muss es zur Entscheidung gekommen sein, ein winterfestes Landhaus auf dem Semmering zu bauen, denn schon im Winter 1928 begann Loos mit der Planung. Im Sommer 1930 war der Bau fertiggestellt: ein anachronistisches Haus, aber auch ein aufregend zeitloses. Ohne Berührungsängste bezog sich Loos mit Grundmauern aus Bruchstein, Holzbohlen und einem mäßig geneigten Dach auf wesentliche Elemente des vom Architekten Franz von Neumann geprägten „Heimatstils", der in der Villenarchitektur am Semmering längst als altmodisch galt – allerdings von Dekor jeder Art befreit. Im Raumkonzept ging Loos neue Wege: Erstmals verwirklichte er die Idee einer großen, über zwei Stockwerke reichenden Halle, umfasst von einer Galerie, von der aus die Schlafräume im Obergeschoß zu erreichen sind. So entstand ein Haus, das sich seinen Bewohnern wie der Landschaft ringsum öffnet, zum lebendigen Dialog und behaglichen Zusammenleben einlädt.

Der Bauherr und seine Familie sollten sich nicht lange an ihrem neuen Haus erfreuen dürfen. Paul Khuner starb 1932 im Alter von nur 48 Jahren. 1938 wurde der Besitz der Familie Khuner arisiert. Die Witwe, Hedwig, emigrierte, ihr Sohn ließ sich in England nieder, wo er zuvor studiert und geheiratet hatte. Wie durch ein Wunder hat das Haus auf dem Kreuzberg den Zweiten Weltkrieg und die Besatzungszeit unbeschadet überstanden. Dann wurde es als Erholungsheim für die Mitarbeiter einer Baufirma nicht eben pfleglich genutzt. Erst 1959 wandten sich die Dinge zum Guten. Ilse Wurdak, eine Hüttenwirtin aus dem Salzkammergut, hatte „irgendein Haus in der Umgebung von Wien" gesucht und war bei einer Versteigerung auf dem Kreuzberg fündig geworden. Nun hat es aber dieses Spätwerk eines genialen Architekten an sich, seine Bewohner nicht nur gastlich zu umfangen. Wer sich mit ihm einlässt, wird sachte verändert, geformt, nimmt Teil an einer großen Idee. Nur so ist es auch zu erklären, dass, als das Haus 1963 unter Denkmalschutz gestellt wurde, die Bedenken der Pächter bald in den

Ehrgeiz mündeten, das unvermutet kostbare Erbe auch als Denkmal lebendig zu erhalten. Seit 2001 führen die Geschwister Hanna Sehn und Norbert Steiner das Loos-Haus – und werden vom Loos-Haus geführt. So ist das eben in anspruchsvollen Beziehungen.

Übrigens: Restaurant und Hotel zählen zu den liebenswertesten, die ich kenne. Das schreibe ich jetzt einmal so. Wer es nicht glaubt, soll's ausprobieren.

Semmering ist überall

Im Frühjahr 1890 schrieb die vielgerühmte und daher auch vielgeplagte Wirtin des längst schon legendären Thalhofs in Reichenau aus Abbazia an Arthur Schnitzler: „Daß ich doch nie eine frohe Minute daheim erlebt habe, aber hier ist es herrlich. Alles atmet jene Eleganz, die ich so sehr liebe. Ach ja, ich liebe den Luxus, alles Vornehme u. schöne Kleider u. Parfums. Wenn ich so in den Saal hineinstolziere u. die Seide rauscht, wenn mich Herren u. Damen je nachdem neidisch oder bewundernd anblicken, wenn ich dann am Strand liege, die Sonne mich bescheint u. ich absolut nichts zu thun, nichts zu denken habe, o dann ist mir so wol, so wol!“

Von daheim hatte sie zuvor weniger Schmeichelhaftes berichtet: „Reichenau ist momentan ein herrlicher Ort, in ganz Centraleuropa giebts nichts ekelhafteres. Ein Getribe Unausstehlich ... ich bin das reine Ragout von Jägerin, Dame, Sclavin u.s.w. ...“

So ist das eben, wenn sich die Perspektiven verschieben.

Ein k.k. Sehnsuchtsort im Gebirge, ein k.k. Sehnsuchtsort am Meer, sich austauschend, einander belebend, vielschichtig verbunden im umfassenden Konzept der Südbahngesellschaft.

Davon abgesehen war die gefühlte Entfernung zwischen dem Semmering und Abbazia denkbar gering. Der Semmering galt als Balkon von Wien mit dem Tal von Reichenau als Vorgarten, Abbazia geriet zum maritimen Vorort der Metropole, zum Seebad und Wintergarten von Wien –, dazwischen verkehrte diensteifrig und komfortabel die Südbahn. Auch ein gemeinsamer Name verband beide Sehnsuchtsorte: Friedrich Julius Schüler, erst Generalinspektor, dann Betriebsdirektor, dann Generaldirektor der Südbahngesellschaft. Er hatte den Bau des Südbahnhotels am Semmering initiiert (auch in Toblach). Jetzt sollte sein neues Projekt ein verschlafenes Fischerdorf in einen noblen Kurort verwandeln. Schüler holte sich einen zweiten Julius, den aufstrebenden Wiener Mediziner Dr. Glax ans Meer, und als Direktor für die Hotels und Kuranstalten in Abbazia verpflichtete er einen der besten Tourismusfachleute der Donaumonarchie, Anton Silberhuber. Außerdem regte er gute Freunde aus der Kunst- und Kulturszene dazu an, doch freundliche Worte über das neue Reiseziel zu verlieren. Ganz und gar nicht zufällig schrieb dann Theodor Billroth nach einem Aufenthalt in Abbazia an seinen Freund, den Musikkritiker Eduard Hanslick einen langen, begeisterten Brief, der sich für die „Neue Freie Presse" hervorragend zum Abdruck eignete. So nebenbei bringt es der Mediziner elegant zuwege, seine Sicht der Dinge Hanslick zuliebe mit feinsinnigem Musikverstand zu verweben. „Man sagt, es gäbe hier keine Spaziergänge; unbegreiflich! Am Meere entlang, nach beiden Richtungen hin, die trefflichsten Straßen, an denen man freilich keine Hotelbewohner findet; Doch manches Andere sieht und hört man da. Maienandacht, Am Seegestade, Über den See, Abenddämmerung, Sommerabend – der ganze Brahms klingt mir hier immerfort entgegen. Nach dem Takte des letzten Satzes seines F-moll-Clavierquintetts trotte ich die Straße entlang, und der dritte Satz meines (ich wollte sagen seines) A-moll-Steichquartettes führt mich gemächlich zurück. Ich kann mir nichts Besseres wünschen."

Österreich, in der Welt der Habsburgermonarchie mehr eine Idee als ein klar umgrenzter Begriff, war groß, aber auch wieder sehr klein, wenn man die Orte ins Auge fasste, an denen die tonangebende Gesellschaft nach einem festen Spielplan und mit verlässlich wiederkehrenden Ritualen ihr Freizeit-Theater inszenierte. Billroth und Hanslick waren im Sommer häufig im Salzkammergut anzutreffen: der eine am Wolfgangsee, der andere in Bad Aussee, wo er sogar eine gemietete Villa für sich hatte.

Abbazia war jedenfalls wie Semmering ein Kunstprodukt, doch ein höchst erfolgreiches. Als Olga Waißnix dort weilte, merkte der Reiseführer „Wintercurort und Seebad Abbazia" triumphierend an: „Und so sind denn für die Gestade des Heiligen Jacob neue Tage des Glanzes erschienen. Tage eines beispiellosen, fast märchenhaften Aufschwunges, dessen segensreiche Consequenzen sich nicht alleine auf die Küste, sondern allmälig auch auf andere Theile des so traurig verarmten, aber an eigenthümlichen Naturschönheiten überreichen Istriens erstrecken dürfte.“

Die Bahnlinien verbanden Inszenierungen Wiener Lebensstils, mit ähnlichem Dekor, mit vertrauten Speisenkarten.

Das mochte durchaus zutreffen. Beispiellos war der „fast märchenhafte Aufschwung“ aber nicht. Überall dort, wo die Südbahngesellschaft als Beförderungs- und Tourismusunternehmen auftrat, neue Märkte erschloss, die ihrerseits mehr Fahrgäste brachten, frohlockten die Gäste und blühten die Geschäfte. Die Bahnlinien verbanden Inszenierungen Wiener Lebensstils, mit ähnlichem Dekor, mit vertrauten Speisenkarten. Und die Möblierung der Landschaft war austauschbar: Bahnhof, Kurhaus, Hotel, Villa, Kiosk, Wetterhäuschen.

Es war auch gelungen, die Südbahnhotels unabhängig von ihren Standorten als Inbegriff modernen, niveauvollen Reisens zu etablieren. Die Verbindung von luxuriösem Aufenthalt und komfortabler Anreise sicherte dem Unternehmen einen unschätzbaren Wettbewerbsvorteil – und sorgte für kaum lösbare Probleme, als später mit dem Auto und dem Flugzeug das Thema Mobilität neu definiert wurde.

Davon war allerdings an der Wende zum 20. Jahrhundert noch keine Rede.

Wie kein anderes Haus des Unternehmens steht das Südbahnhotel auf dem Semmering für eine Epoche, in der Glanz und Luxus offenbar ewig fortdauern sollten, wenn auch mit wechselnden Akteuren unter veränderten Umständen. Diesem steten Wandel entspricht auch die Baugeschichte des Hotels. Das erste, schon erwähnte Gebäude bot zwar erheblichen Komfort, ließ aber in seiner äußeren Erscheinung keinen Zweifel daran übrig, dass die Bauherren Eisenbahningenieure waren. Nur sechs Jahre nach der Eröffnung gab es ernstzunehmende Konkurrenz: das Hotel Panhans. Damit reichte diskreter Luxus nicht mehr aus. Gäste von altem Adel mochten so etwas schätzen, doch diese zogen ohnehin meist die noble Distanziertheit von Villen vor. Dort fiel es überdies nicht auf, dass so manches Mitglied der Hocharistokratie inzwischen Mühe damit hatte, eine wirklich standesgemäße Lebensführung zu finanzieren. Das Gegenteil traf auf die – bestenfalls nobilitierte – Hochfinanz zu: Sie hatte Prestige dringend nötig, brauchte also Bühnen für gesellschaftlich anerkannte Selbstverwirklichung – und sie wollte ihren Spaß daran haben. Ein Hotel auf der Höhe des Zeitgeistes musste demnach Träume erfüllen, Eitelkeiten bedienen, Langeweile und Überdruss unter fortwährendem Amüsement verschwinden lassen, der prickelnden Illusion von Glück. Ein Hotel auf dem Semmering musste aber noch mehr bieten: eine Landschaft, die auch im Saale stattfand, Säle,

Das Wetterhäuschen zählt zum klassischen Mobiliar der Sommerfrische. Einerseits bewies die ebenso sinnreiche wie betuliche Ansammlung von Instrumenten Modernität, andererseits war für unverfänglichen Gesprächsstoff gesorgt.

Das Wort Pavillon kommt aus dem Italienischen: „papillio" bedeutet Lustzelt. Das entspricht auch dem Wesen eines Bauwerkes, das Außenwelt und Innenwelt leichthin miteinander spielen lässt – wie hier, in Payerbach.

die sich der Landschaft hingaben, exaltiert überzeichnete Natur als Teil einer hemmungslos effektvollen Inszenierung.

Aus dem alten Hotel Semmering wurde also ein Grandhotel, mehr noch, ein Palasthotel, Burg und Schloss und bewohnbares Märchen mit Turm und Türmchen, einer verspielt gipfeligen, zerklüfteten Dachlandschaft, und Balkonen, hoch über den Niederungen des Massentourismus. Innen die Halle, die Salons, die Belle Etage, Zimmer in Eiche und Kirsch, eingerichtet vom k.k. Hoflieferanten Bothe und Ehrmann, keins wie das andere, teure Teppiche, luxuriöse Bäder. Hier angekommen, wussten Gäste endlich um ihren wahren Stellenwert in der Gesellschaft. Dafür, dass diese erfreuliche Erkenntnis von eigenen Zweifeln oder bedenklichen Begegnungen verschont blieb, sorgte mit nimmermüder Virtuosität und berechnendem Feingefühl ausgerechnet ein Preuße: Herr Direktor Seibt. Begleitet von seinem Alter Ego, einem dreibeinigen Hund, arrangierte er Berührungen und Distanzen, setzte große Auftritte und bewegende Abgänge ins rechte Licht.

Von da an rückten das Südbahnhotel und das Panhans voneinander ab. Letzteres geriet immer noch größer, noch besser, noch eindrucksvoller, stilvoller, monumentaler. Das Südbahnhotel hingegen wuchs auch, aber in merkwürdigen Dimensionen, in sich hinein, über sich hinaus, neben sich her. Der Trakt der großen Säle kam dazu. Die Terrassen mit ihren

Holzrosten gemahnten an Decks von Luxusdampfern, im Speisesaal setzten drei riesige, mit ägyptischen Motiven versehene Lüster und leuchtenden Lakaien, Deckenschalenlampen aus geschliffenem Bleikristall, dem eleganten Leben funkelnde Glanzlichter auf. Ein Brückenbogen überspannte die Straße. Auf der obersten Terrasse, dem „Promenadendeck" sah sich der Gast in majestätischer Nachbarschaft zu den Gipfeln ringsum, den Rest der Welt zu Füßen. Die Küche hatte die geradezu sakrale Höhe von zwölf Metern und sie war von einer matt erleuchteten Höhle unterfangen, mit Gewölben, die nicht echt waren, mit Holz, das vorgab, derb bäuerlich zu sein, und sinnenfroher Bemalung: Bierkeller sind nun einmal so. Ein Kinosaal machte die Unterwelt komplett.

Das Panhans prunkte kühl und klar mit 300 Metern Fassade. Das Südbahnhotel spielte und verzauberte mit unzähligen Gesichtern. Das Panhans gab sich modern und sportlich, mondän natürlich auch. Das Südbahnhotel war mondän, sportlich, und auf eine wundersam zeitlose Weise konservativ. So konnte es auch gelingen, dass die Umbauten in der Zeit zwischen den Kriegen architektonisch zwar neue Türen und Fenster öffneten, aber dem vielschichtigen Wesen dieses staunenswert merkwürdigen Hotels nur Facetten hinzufügten. Der Eingang wurde von den Wagner-Schülern Hoppe und Schönthal neu gestaltet, in Bar und Café wehte ein

Häuser mit Stil bewahren ihre Würde auch in schweren Zeiten. Ob Ballsaal, ob Lazarett: Eine Gesellschaft im Südbahnhotel am Semmering war nie irgendeine Gesellschaft.

Das Telegrafenamt des Südbahnhotels gibt es nicht mehr, wenigstens nicht im Hotel. Die Schalter und Schreibtische sind aber im Museumspostamt in Küb zu sehen. Hier ist die Zeit der Telegramme und Depeschen noch lange nicht Vergangenheit.

Hauch Moderne, vor allem aber beeindruckte das Hallenbad, klar, funktionell und einfach schön.

Die von bitteren Krisen geschüttelte Zeit der Ersten Republik bedeutete für den Semmering und damit auch für das Südbahnhotel nach anfänglichen Problemen letztlich sehr gute Jahre. Im Grunde genommen lief es umso besser, je schlimmer die Dinge ringsum standen. „Krisenhafter Glanz und glanzvolle Krise", formuliert es Wolfgang Kos meisterlich. Es gab geradezu übermütige Projekte: neue Seilbahnen, ein mondänes Strandbad, ein künstlicher Bergsee, ein Flughafen ...

Doch mit Ausbruch des Zweiten Weltkrieges war alles zu Ende, und nach dem Krieg ließ sich dieses Ende nicht verscheuchen, lag grau und lähmend über allem. Ringsum fing Österreich neu an, Semmering jedoch hörte nicht damit auf aufzuhören.

Das Leben im Südbahnhotel flackerte nur noch schwach. In den 60er Jahren war dann Schluss. Nach und nach schrumpfte der große Komplex. Das Gebäude des alten Hotels Semmering von 1882 wurde zur Eigentumswohnanlage, in der Dependance „Waldhof" entstanden Appartements. Der Golfplatz mit der Meierei, die Dependance neben dem Kurhaus und die alte Wäscherei gehörten eines Tages nicht mehr dazu. Geblieben ist ein großartiger Torso mit nur noch wenigen Gästezimmern.

Der Anfang der Tragödie liegt weit zurück. Durch Jahrhunderte waren zwingende oder doch gewichtige Gründe vonnöten, um eine Reise anzutreten. Erst als Lust und Reise zueinander fanden, kam der leichtfertige Umgang mit Distanzen und Dimensionen ins Spiel. Schon die Fahrt mit dem Zeiserlwagen ins Umland von Wien brachte die Stadt aufs Land, machte den Dorfwirt zum Ausflugsgasthaus und den Bauern zum Gastgeber. Als die ersten Städter beschlossen, es auf dem Semmering schön zu finden und sich dort häuslich einzurichten, ging es um romantische Schwärmerei, die Sehnsucht nach den reinen Freuden der Natur, nach frischer Luft und schönen Bildern – ohne schädliche Nebenwirkungen, weil sorgsam gefiltert durch urbane Lebensart. Nach und nach griff die Begehrlichkeit um sich. Immer mehr Menschen wünschten sich ihr kleines Wien im Gebirge, oder mussten es sich wünschen, wenn sie dazugehören wollten. Damit war nun aber auch viel Geld mit der Vermarktung dieser kollektiven Lustbarkeit zu verdienen. Und die Eisenbahn schob dann auch noch den Berg dicht vor die Wiener Haustür. Eine Villa in wildromantischer Umgebung? Märchenhaft. Ein Hotelpalast am Berghang? Faszinierend. Neuschwanstein dicht unter den Wolken? Betörend. Zwischen diesen Schaustücken und um sie herum wuchs ein Geflecht aus Verbindungen und Dienstbarkeiten, bis weit in die Landschaft hinein, talwärts, gipfelwärts.

All das war mit jener kunstfertigen Leichtigkeit entstanden, die es einer Freizeitwelt ersparte, sich

Bei einem Grandhotel, das auf sich hält, sind auch Nebengebäude keine Nebensache. Aus dem imposanten Waschhaus des Südbahnhotels ist eine nicht minder eindrucksvolle Wohnanlage geworden.

mit der Wirklichkeit ringsum abzumühen. Dass in diesem Kunstgebilde nichts zum andern passte, alles auf seine Art aus den Fugen geriet, machte ja gerade seinen Reiz aus, weil es so verführerisch einfach war, von einer Szenerie in die andere zu wechseln, jeder Laune das passende Vergnügen zu gönnen. Ob Korso oder steiler Steig, ob Palast oder Almhütte, ob Balkon oder Felskanzel: Alles war nur gespielt, lud ein, damit zu spielen. Das funktionierte prächtig, solange es Spieler gab. Der Erste Weltkrieg war zwar ein Spielverderber, aber die grelle, spannungsgeladene Zeit danach kam für jene gerade recht, die weiterspielten, um jeden Preis.

Nach dem nächsten Krieg hatte der Semmering erst einmal ausgespielt. Die großen Hotels lagen wie vergessenes Riesenspielzeug in der Landschaft: das Palace Hotel ein kühler Koloss aus Stahlbeton, das Erzherzog Johann eine Ruine, das Panhans theatralischer Überschwang, an den keiner mehr glauben mochte, und das Südbahnhotel dicht versponnen in dunklen Träumen. Die nicht ganz so große Welt dazwischen, kleine Hotels, Pensionen, Villen, Wirtshäuser, Kaffeehäuser, Geschäfte, sank nicht pathetisch in die Stille, sondern vertrocknete nach und nach, oder blieb bestehen, irgendwie.

Und noch etwas blieb, wenn auch brüchig und schütter geworden: die Idee einer Gegenwelt, einer Überwelt, die alles war, alles sein konnte. Verlassene Goldgräbersiedlungen verschwinden einfach, weil ihre einzige Existenzberechtigung, die Habgier, keine Nahrung mehr findet. Eine komplexe Kunstwelt wie der Semmering nährt ihr Wesen aus vielen Quellen, da bleibt auch noch leiser Atem im Vergehen, Schönheit im Verfall. Es gibt trostlose Plätze, die bleiben, wie sie sind. Und es gibt verwunschene Plätze, die Wünsche wach werden lassen, Plätze wie den Semmering. Manche dieser Wünsche mögen unerfüllbar sein, unverschämt oder gar schamlos, aber der Semmering bleibt ein Sehnsuchtsort. Es wird immer wieder Menschen geben, die sich in ihn verlieben, ihn begehren, ihn haben wollen, sich ihm hingeben. Das Panhans leuchtet beinah wie eh und je, und das Südbahnhotel hat schon vor Jahren glänzend neue Dachziegel bekommen. Seitdem schläft es wieder, träumt unruhig, und wacht zwischendurch zögernd ein wenig auf. Wer weiß, wer weiß ... Auf dem Semmering ist alles möglich.

Zu ebener Erde und im ersten Stock

Die Gemischtwarenhandlung Stix in Schottwien gibt es seit 1913. Eigentlich gibt es sie nicht mehr, aber sie ist noch da, mit vielen Zeichnungen, Aquarellen, Ölbildern, Linolschnitten und Schnitzereien in den alten Räumen. Als es hier auch noch Wurstsemmeln, Schmierseife, Salzgurken und Schokobananen zu kaufen gab, bin ich oft auf der Durchreise stehen geblieben. Das Einkaufen war Nebensache, aber ich wollte immer wieder eintauchen in diese Welt der scheinbar ungeordneten Vielfalt, der verwirrenden Mischung von Gerüchen, wie sie mir schon als Kind vertraut war. Im Kaufhaus von Hans Stix kam allerdings noch eine Besonderheit dazu: Eine deutliche Firnisnote lag in der Luft. Zuletzt hatte seine Tochter das Geschäft übernommen. Doch der betagte Herr Stix war immer noch da, dienstbar, doch nicht beflissen, ganz wie es einem Greißler zusteht, der eigentlich Künstler ist.

Sein Leben lang sah sich Hans Stix aus Schottwien als Künstler. Daran änderte auch die diktierte Existenz als Gemischtwarenhändler nichts. Jetzt, in den besten Jahren, konzentriert er sich wieder auf das Wesentliche.

Später habe ich ihn dann um ein Gespräch für dieses Buch gebeten. 97 Jahre war er damals alt, hellwach, verschmitzt und ungebeugt. Dann hat er Erinnerungen hervorgeholt, eine frischer und lebendiger als die andere. Ich bin demnach frech geworden und habe ihm (schon um meine Belesenheit zu demonstrieren) einen Text gezeigt, den Franz Polgar 1923 über eine altmodische Jausenstation mit ebenso altmodischer Klavierspielerin auf dem Semmering geschrieben hat: „Liebe, Pathos, Rührung, aber von allem nur die Form ohne die lebendige Substanz, getrocknete Leidenschaft, verschrumpeltes Gefühl, Sehnsucht als Präparat, Plunder aus den Schubladen der Seele, der einmal feierlich war und glänzte. Die Herzkammern der alten Menschen sind Rumpelkammern.“

„Ach was“, hat Herr Stix entgegnet, „wenn ich daran denke, wie ich als fescher Jüngling in den zwanziger Jahren ein feines Fräulein auf den Berg führen durfte ... an einer schwierigen Stelle hab ich ihr erst geholfen, sie gehalten und ihr dann einen Kuss gestohlen. Alles noch da, alles lebendig, als wär’s gestern gewesen. Auch die Ohrfeige nachher. Hat eh nicht weh getan.“ Und wie hat es angefangen, ich meine mit der Malerei und der Gemischtwarenhandlung? Herr Stix erzählt vom Zeichenlehrer der Bürgerschule in Pitten, der ihm, sein Talent erkennend, sogar schon einen Freiplatz an der Wiener Akademie vermittelt hatte – und vom Vater, der von derlei brotlosen Künsten nichts hielt. So wurde der Hans eben doch Kaufmannslehrling. Aber er zeichnete und malte unverdrossen weiter, wagte sich sogar an Kinoplakate. Luis Trenker: Der Kampf ums Matterhorn! Im Großformat! Da war auch der Vater stolz auf den Buben und hat manchmal sogar ernsthaft mit ihm geredet, von Mann zu Mann. So hat der Hans auch einiges über die Geschichte des Hauses „Zur Goldenen Krone“ erfahren, das jetzt seinem Vater gehörte. Hunderte Vorspannpferde sind hier bereitgestanden, als es noch keine Eisenbahn gab. Fast jeder, der über den Semmering wollte, hat hier gerastet, Handelsleute, Feldherren, Monarchen. Als die Kaiserin Maria Theresia sich anschickte, den Pass zu überqueren, hatte man angeblich in aller Eile Gehenkte abgeschnitten, die zur Abschreckung am Straßenrand baumelten, um höchstdero Gemüt nicht zu belasten. Und später war dann Ritter von Ghega hier oft zu Gast. Immer wieder hat er mit seinen Ingenieuren den Eselstein bestiegen, einen Felszacken bei Schottwien, weil von dort aus das Gelände am besten zu überblicken war.

Als die Kaiserin Maria Theresia sich anschickte, den Pass zu überqueren, hatte man angeblich in aller Eile Gehenkte abgeschnitten, die zur Abschreckung am Straßenrand baumelten, um höchstdero Gemüt nicht zu belasten.

Als Hans Stix 1915 zur Welt kam, war das riesige Grandhotel Panhans schon zwei Jahre offen. Für Schottwien brachte das vor allem viele Arbeitsplätze, aber die ganze Region um den Semmering profitierte.

Der Krieg war für den Knaben Hans nicht viel mehr als fernes Donnergrollen, Eltern, die ernster dreinschauten als sonst und noch härter arbeiteten. Aber dann: ein Bub von sechs Jahren und das erste Semmeringrennen. Wenn das kein Abenteuer war! Damals gab es schon das für Knaben ungemein aufregende Geschäft von Herrn Orthuber, den die Kinder „Papa Orthuber" nannten: eine Autowerkstatt mit Tankstelle, also rot gestrichene Kanister am Gehsteigrand. Außerdem nahm dieser verwegene Bursche an Semmeringrennen teil. Täglich nach Geschäftsschluss gab es eine Trainingsfahrt, und die Knaben von Schottwien standen pünktlich bereit. Herr Orthuber, angetan mit Sportsakko, Kappe und Brille, betrat die Bühne. Der Benzintank aus Messing glänzte und schimmerte, das armdicke Auspuffrohr der Puch-Maschine schillerte blau und violett. Ehrfurchtsvoll beobachtet, vollzog der kühne Lenker das Ritual der technischen Kontrolle: Benzin, Öl, Kerzen, Magnet, Kette, Riemen, Luftruck, Bremse. Ein vergeblicher Startversuch – und dann der erlösende Befehl: „Anschieben, Buben." Das Fahrzeug kam in Fahrt, ein betäubender Knall entfuhr dem Auspuff – jetzt galt es! Der Fehlzündung folgte endlich knatternder Lärm und vor der Kurve in die Adlitzgräben begann die wilde Jagd.

Schuljahre, Lehrjahre zwischen Lebensmitteln und Zithersaiten, Nachttöpfen, Strickwolle, Krawatten, steifen Kragen, Farben und Petroleum. Und dann, Hans Stix war zum jungen Mann gereift, geschah etwas, das auch in der schillernden Welt der Semmering-Gesellschaft für erhebliche Turbulenzen sorgte. In den „Semmeringer Nachrichten" stand doch tatsächlich zu lesen: „Josephine Baker, die weltbekannte Negertänzerin aus Paris, ist zu längerem Aufenthalt und zum Kurgebrauch am Semmering eingetroffen." Auch in Schottwien raunten pubertierende Knaben einander aufgeregt zu, welch herrlich ruchlose Verkörperung des Lasters nun fast greifbar nahe war. Und von ihrem Rock, nein, Röckchen aus Bananen war natürlich die Rede und von den restlichen, anstößig spärlichen Kleidungsstücken ... Neuigkeiten regneten ins Tal: Die Tänzerin, den Umständen entsprechend züchtig verhüllt, hätte eine wilde Rodelfahrt auf der Panhanswiese gewagt – sehr zum Kummer ihres Managers, der um ihre Unversehrtheit bangte. Und dann geschah das Unfassbare, und es geschah in der Gemischtwarenhandlung Stix: An einem eiskalten

Ein neuer Anfang im Geschäft und eine erstaunliche Erkenntnis: In Zeiten von Hunger und Not ist ein Gemischtwarenhändler irgendwie besser dran.

Winternachmittag hielt ein Schlittengespann vor dem Geschäft, eine dunkelhäutige Frau stieg aus, trat ein, knöpfelte zierlich ihren Pelzmantel auf, kaufte Dragees und Schokolade und entschwand. Vater Stix blieb eine Weile stumm. Dann wandte er sich seinem Sohne zu, ganz Mann von Welt: „Das war sie." Sprach's und schloss träumend die Augen.

Der Zweite Weltkrieg. Hans Stix wurde in Russland schwer verwundet, kam ins Lazarett, musste wieder an die Front. 1946 die Heimkehr aus russischer Kriegsgefangenschaft. Ein neuer Anfang im Geschäft und eine erstaunliche Erkenntnis: In Zeiten von Hunger und Not ist ein Gemischtwarenhändler irgendwie besser dran.

Hans Stix wohnt noch immer im Haus „Zur Goldenen Krone" und hat wohl noch viel zu erzählen. Ich freu mich schon darauf.

Seit 1988 steht das Kurhaus auf dem Semmering leer. 1909 ist es fertig gestellt worden, ein monumentales Gebäude aus Stahlbeton, janusköpfig dem Historismus und der Moderne zugewandt, umfangen vom Wald am Sonnenhang des Wolfsbergkogels.

Die Geschichte fängt aber im Panhans an, wie sich das so gehört auf dem Semmering. Der Primararzt und Höhentherapie-Spezialist Dr. Franz Hansy bekam dort anregenden Besuch: Der Architekt Franz von Neumann, bekanntermaßen ein Semmeringpionier reinsten Wassers, schlug vor, gemeinsam mit ihm eine Heilanstalt zu gründen und die medizinische Leitung zu übernehmen. Die Geschichte endet theatralisch, auch das gehört sich so auf dem Semmering. Dazwischen liegen viele Jahre geschmückt von glänzenden Heilerfolgen und berühmten Gästen, die Erhebung Semmerings zum Kurort, die erstaunliche Tatsache, dass Frau Hansy den künftigen Kaiser, Erzherzog Karl Franz Josef, das Bobfahren gelehrt hat, zwei Kriege, in denen das Haus zum Lazarett wurde, die Zeit als Quartier der sowjetischen Besatzungsmacht, endlich das Erholungsheim. Der Versuch, ihm eine neue Identität als Gesundheitshotel zu geben, mündete in den Konkurs des Bauträgers. Heute steht das Haus in kasachischem Eigentum – von der materiellen Seite her gesehen. Ideell hat es neue Inhalte und eine neue Seele bekommen: Die Festspiele „Sommertraum" durften sich hier einnisten, und sie tun es liebevoll und mit Erfolg. Die Intendantin, Elisabeth-Joe Harriet, hat überdies ein schönes Buch herausgeben: „Ich bin auf Kur am Semmering." Auf Seite 71 bin ich erstmals Herrn Dr. August Schimak begegnet: Der „Damenarzt" des Kurhauses behandelt mit strenger Sorgfalt das durchaus wohlgeformte Knie einer sichtlich leidenden Patientin.

Einige Zeit später und um ein paar Informationen reicher, saß ich dann, gar nicht weit vom Kurhaus entfernt, seiner Tochter gegenüber, Frau Dr. Elisabeth Schmid. Gut gelaunt breitete die alte Dame

Das 1909 fertiggestellte Kurhaus Semmering entstand als moderner Stahlbetonbau mit vertrauter Fassade: Heimatstil, feudale Akzente, dekorativer Jugendstil. Wälder ringsum, und der Ausblick auf den Sonnwendstein. Ein Erfolgsrezept, alles in allem.

Die Badekuranstalt, in Marmor und Holz gehalten, der Saal für Heilgymnastik, ausgestattet mit Kraftmaschinen, Fahrrädern und Laufmaschinen: Wer dieses Kurhaus nicht gesund und gestählt verließ, dem war nicht mehr zu helfen.

Dankschreiben durchwegs ansehnlicher Patientinnen vor mir auf („in dankbarer Erinnerung an alles ‚Unheil' das ich angerichtet hätte", stand auf einem zu lesen), bemerkte mein anerkennendes Staunen und hob die Schultern. „Was wollen Sie? Er war ja fesch."

Nach dem Ersten Weltkrieg ist er allerdings als Schatten seiner selbst von der Front gekommen, erschreckend mager, an Tuberkulose erkrankt. Irgendwie blieb er am Leben und zog auf den Semmering, wo er 1923 heiratete. Zwei Jahre später kam seine Tochter Elisabeth zu Welt. Über seine Arbeit als Arzt im noblen Kurhaus hat er zuhause wenig erzählt, wie es sein Beruf nun einmal verlangte. Doch von einigen medizinischen Randerscheinungen hat er ja doch berichtet, weil's gar so schön war. Einer seiner prominenten Patienten, Leo Slezak, ist ihm in Wien über den Weg gelaufen. Herr Dr. Schimak grüßt, Herr Slezak schweigt, packt aber den Arzt und zieht ihn ins nahe Hotel Sacher. Dort entledigt er sich seines Schals, schaut vorwurfsvoll und moniert krächzend: „Doktor, mir haben s' schon wieder in Hals g'schissen." Und noch einmal Slezak, diesmal im Kurhaus auf dem Semmering. Ihm tritt mit Würde Baronin Wambold entgegen, erste Pflegerin, umfassend ausgebildet und von bezwingender Autorität. Herr Slezak: „Woher kommst?" Die Baronin: „Frischau bei Znaim!" Slezak: „Was? Landsmännin? Also, das nächste Kind ist von mir!"

Für die kleine Elisabeth waren der noble Arbeitsplatz ihres Vaters wie auch die großen Hotels mit den vielen Gästen Alltag. Schön und spannend war es natürlich, dass ihr Vater auch als Gemeindearzt wirkte und es seiner Tochter gestattet war, das Hallenbad im Panhans und später das neue Bad im Südbahnhotel zu benutzen. Das Leben hielt aber noch größere Ereignisse bereit.

Wenn wieder einmal jemand anzutreffen war, von dem der Lehrer sagte, dass er oder sie wirklich sehr bedeutend und berühmt sei und dass ihn die Kinder ganz besonders höflich grüßen sollten, verursachte das dann doch einige Aufregung. Eines Tages kam nun die Kunde, dass der große Dichter Gerhard Hauptmann im Ort anzutreffen sei. Elisabeth machte sich unverzüglich auf den Weg, um ihrer Grußpflicht nachzukommen. Außerdem wollte sie doch wissen, wie so ein lebender Dichter ausschaut. Leider sah sie ihn immer wieder nur von hinten, ihn am schlohweiß wallenden Haupthaar erkennend. Nach einigen Tagen wurde es ihr zu bunt, sie machte einen Umweg, kreiste den Poeten ein, fasste ihn nunmehr frontal ins Auge, grüßte artig und war ein wenig enttäuscht, weil er so gar nichts genial Loderndes an sich hatte.

Aber der ganz große Tag der kleinen Elisabeth sollte ohnedies erst kommen. Am 18. Juli 1937 gab es ein großes Fest auf dem Semmering: Endlich war der Hochweg durch eine Asphaltdecke staubfrei

Der Kurarzt und „Damenarzt" Dr. August Schimak, umgeben von Dankschreiben seiner Patientinnen und Patienten. Er war auch der letzte Arzt im Südbahnhotel. Gegen das langsame Sterben dieses Hauses fand selbst er keine Therapie.

Otto Musger, Bürgermeister am Semmering: einmal im Kreis von Honoratioren, dem Gedicht der kleinen Elisabeth lauschend, und einmal in seiner Urne, zwischengelagert im Friedhof von Maria Schutz.

gemacht worden und trug fortan die stolze Bezeichnung Hochstraße. Es gab Musik, einen Trachtenumzug, vor dem Panhans standen dicht gedrängt und Ehrfurcht gebietend die Honoratioren, darunter der damalige Bürgermeister Otto Musger. Ihm gegenüber stand ein festlich gekleidetes Mädchen und sagte wie befohlen ein Gedicht auf. Die zwölfjährige Elisabeth entledigte sich ihrer Aufgabe mit Bravour. Das Gedicht (geschrieben hat es der Semmeringer Bruno Schöner) kann sie noch heute:

„Es ist ka Leichts net, wie ma recht
zu großen Herrn Grüßgott sagn mecht
beim Reden san ma nit dahoam
da denk i ma so in der Ghoam
wia wars denn nachher wenn i halt
an Buschen Bleameln brocken wollt
Ja, siagst es, sag i, des is gscheit
mit Bleameln hat a jeds a Freud
i nimm mein Buschen und kimm her
und koa vüls Reden brauchts nit mehr
Grüßgott am Berg!“

Grüßgott am Berg ... viele Jahr später ist sie dann, längst zur Frau Dr. Schmid geworden, dem Bürgermeister wieder begegnet, besser gesagt seiner Urne, auf dem Friedhof von Maria Schutz. Ein altes Grab war aufgelassen worden. Das Gefäß mit der Asche des Herrn Bürgermeisters wurde geborgen und neben den neuen Grabstein gestellt. Dort steht es noch heute und gibt Zeugnis vom doch recht beiläufigen Umgang mit verstorbenen Amtsträgern. Ein paar Meter tiefer ist übrigens das Grab der Familie Panhans zu finden, gottlob unbehelligt.

Auch an einem anderen Tag im Leben der Frau Dr. Schmid klingt dieses „Grüßgott am Berg“ mit, wenn auch mit elegischem Unterton. Als sie nach mehr als abenteuerlichen Wirren und Wendungen in den Kriegsjahren wieder in Österreich war, brach sie vom Bahnhof Meidling aus mit ihrer Mutter zum Semmering auf. Vielleicht konnte es ihnen ja irgendwie gelingen, dort zu bleiben. Sie hatten schon gefürchtet, in Gloggnitz übernachten zu müssen. Es gab dann aber doch die Gelegenheit zur Weiterfahrt. Es ist stockfinster, als sie am Semmering ankommen. Die beiden sehen sich wider Erwarten freundlich aufgenommen. Die Gendarmerie schickt sie zum Südbahnhotel, wo ein einsamer Portier die Stille hütet. Ja, sagt er, ihre Wohnung sei noch vorhanden. Im Vorzimmer lehnt Elisabeths Fahrrad, Möbel gibt es offenbar keine mehr, auch kein Licht. Doch halt: Da steht ein Bett, und das ist mehr, als sie zu hoffen gewagt hatten. Tags darauf dann der Weg in Vaters Ordination im Südbahnhotel, um zu bergen, was die Russen an medizinischem Handwerkszeug da gelassen haben.

Der Vater kam wieder, wurde aufgepäppelt, und ordinierte im Südbahnhotel, das von Frau Direktor

Das Südbahnhotel brachte das Kunststück zuwege, liebenswert altmodisch und überzeugend modern zu sein, luxuriös und gemütlich. Für das Mädchen Elisabeth war das neue Hallenbad überdies ein faszinierender Abenteuerspielplatz.

Metzger wütend und todesmutig gegen Übergriffe der Besatzer verteidigt wurde. Dennoch dämmerte es langsam seinem Ende entgegen. Frau Schmid ist dann nach Wien gezogen, hat 1951 ihr Doktorat erworben, als Ärztin gearbeitet, geheiratet, drei Kinder bekommen.

Jetzt wohnt sie wieder auf dem Semmering, allein, doch nicht sehr allein. Sie bekommt ja immer wieder Besuch, auch von mir. Ich kann nämlich ganz schön lästig werden.

Dynastien auf Talfahrt

Die Königschusswand auf der Raxalpe erzählt von jenem famosen Treffer, den Maximilian I. Anfang des 16. Jahrhunderts dort mit seinem „stachlin poge", dem stählernen Bogen, erzielte. Seit damals hat die Geschichte des Reichenauer Tales auch eine unverkennbar habsburgische Note. Im Jahre 1918 geriet diese durchwegs gedeihliche Beziehung allerdings in eine arge Krise. Die Republik Österreich wurde ausgerufen und damit war es opportun, sich eilfertig von der Monarchie zu trennen. In Payerbach und Reichenau bekamen Straßen und Plätze neue Namen, in öffentlichen Gebäuden wurden die Kaiserbilder abgehängt, in der Reichenauer Kirche beraubte man das nun nicht mehr kaiserliche „Kaiseroratorium" seines Doppeladlers und die Geschäftsleute wollten fortan keine Hoflieferanten mehr sein. Carl Waißnix – von seiner Familie wird noch die Rede sein – ließ sich vom republikanischen Eifer nicht anstecken und verbarg die von ihm gestiftete Kaiserbüste im Hof der damaligen Rudolfsvilla. Dort steht das Relikt übrigens noch immer, wie auch anderswo die Entmonarchisierung nicht so ganz gelungen ist. Der Kaisergedenkstein hat nach wie vor nebst Kaisereiche seinen Platz im Park von Payerbach. Auch zwei Linden auf dem Ortsplatz, der Kaiser-Franz-Joseph-Baum und der Kaiserin-Elisabeth-Baum, wurden nicht umgesägt, ein Schicksal das auch jenem Mammutbaum erspart blieb, der vor der Kirche an einen Sommeraufenthalt der Kaiserin Elisabeth erinnert. In Reichenau mag es den republikanischen Tempelstürmern entgangen sein, dass der Mariensteig als Teil jenes Weges, der vom Thalhof aus durch die Eng auf den Schneeberg führt, nach der dritten Gemahlin von Erzherzog Karl Ludwig, Maria Theresia von Braganca, benannt wurde. Eine tüchtige Frau übrigens, mit viel Hausverstand. Erzherzogin Sophie hatte sie ihrem, na ja, sagen wir, etwas lebensfremden Sohn verordnet.

Damit führt die Reise ins nahe Küb, wo sich nicht nur das ehemalige Postamt des Südbahnhotels entdecken (und besichtigen) lässt, sondern auch ein seltsames Denkmal frommer Wehrhaftigkeit in k.u.k. Diensten. Als Italien 1915 Österreich-Ungarn den Krieg erklärte, wurde auch Payerbach zum Garnisonsort. Ein Barackenlager und Stallungen entstanden, ergänzt durch eine Kapelle, die der hl. Barbara geweiht war – sie gilt ja nicht nur als Schutzpatronin der Bergleute (und Geologen, Hüttenleute, Glockengießer, Eisengießer,

Mobile Immobilien sind hierzulande nicht selten. Ein paar Schritte neben dem vom Semmering nach Küb verfrachteten Hotelpostamt steht die aus Payerbach stammende Barbarakapelle mit ihrem martialisch-frommen Altarbild.

Geschützgießer, Sprengmeister, Mineure, Glöckner, Türmer, Büchsenmacher, Schmiede, Bauarbeiter, Steinmetze, Elektriker, Dampfkesselwärter, der Feuerwehr – stellvertretend –, der Architekten, Pyrotechniker, der Markscheider, Chirurgen, Fleischer, Apotheker, der Helfer des Technischen Hilfswerks, der Totengräber, Hutmacher, der Mädchen und der Gefangenen), sondern auch als jene der Artillerie: eine Ämterkumulierung, mit der sie zu Lebzeiten vielleicht nicht ganz so glücklich gewesen wäre. Wie auch immer: Die Kapelle, versehen mit einem ebenso gottesfürchtigen wie martialischen Altarbild, wurde feierlich eingeweiht – am 18. August 1916, an einem Tag von bedenklicher Symbolkraft: Kaiser Franz Josephs 86. Geburtstag, sein letzter. Kaiserin Zita stiftete später einen „Barbarakelch“. Als dann der Krieg und die Donaumonarchie Vergangenheit waren, wurde die Kapelle der Pfarre Payerbach übergeben. In Küb fand sich ein neuer Platz für sie, im Grünen, mit schöner Aussicht.

Das beunruhigende Revolutionsjahr 1848 war vorüber, Kaiser Ferdinand hatte die Güte abzutreten, und zwar zu Gunsten seines achtzehnjährigen Neffen Franz Joseph. Eine der ersten Amtshandlungen des jungen Monarchen betraf Reichenau.

Eine erste Annäherung zwischen dem Tal von Reichenau und dem Kaiser zu Wien hatte sich bald nach dem Regierungsantritt von Franz Joseph ergeben. Das beunruhigende Revolutionsjahr 1848 war vorüber, Kaiser Ferdinand hatte die Güte abzutreten, und zwar zu Gunsten seines achtzehnjährigen Neffen Franz Joseph. Eine der ersten Amtshandlungen des jungen Monarchen betraf Reichenau: Eine Privilegienurkunde gestattete es dem Ort fortan, einmal jährlich im Herbst einen Jahr- und Viehmarkt abzuhalten. Wenige Jahre später gab er dem Tal persönlich die Ehre. Damals, 1851, war der Bau der Semmeringbahn schon bis Payerbach gediehen. Der Kaiser reiste also dampfumwölkt an und nahm im Thalhof der Familie Waißnix Quartier, wo im 1. Stock ein eigenes Appartement für ihn bereit stand, dessen Ausstattung kaum einen Wunsch offen ließ: „Kachelofen, Wandtisch mit Lavoir, Schreibtisch mit Schreibgarnitur und Tischglocke, drei Sessel, zwei Fauteuils, vier Ölgemälde in Goldrahmen, zwei Teppiche, zwei Hundeteppiche, sechs weiße Vorhänge mit roter Samtdraperie und vergoldeten Karniesen wie zwei Spucknäpfe."

Die Schönheit der Gegend und ihr Reichtum an Auerhähnen lockten den Kaiser in der Folge immer wieder her. Bald wurden die Waldgebiete um Reichenau zu Hofjagden, deren exklusive Nutzung jedoch abgegolten wurde: Jährlich bekam die Gemeinde 200 Gulden für die Ortsarmen.

So waren die Reichenauer und die Payerbacher zu einem kaiserlichen Ehepaar gekommen, das fast

Die Aufenthalte Kaiser Franz Josephs in Reichenau waren längst Vergangenheit, als Erzherzog Karl Franz Josef hier heimisch wurde, mit ihm seine Frau Zita von Bourbon-Parma und die beiden Kinder Franz Josef Otto und Adelheid.

schon ein wenig zu ihnen gehörte. Man fühlte sich ihm untertänigst verbunden und vertraut. Dementsprechend festlich fiel der Empfang aus, wenn wieder einmal hoher Besuch am Bahnhof eintraf. Als es dann gar noch galt, kaiserlichen Nachwuchs zu feiern, erst die Prinzessin, dann den Prinzen, hallte das Krachen der Böllerschüsse vom Gebirge wider. Franz Joseph seinerseits versäumte es nie, Freundlichkeiten zu erwidern und aufrichtiges Interesse an den Reichenauer Angelegenheiten zu zeigen. Mit Staunen und Rührung wurde auch die schlichte Frömmigkeit des Monarchen wahrgenommen: Als er eines Tages dem Ortspfarrer begegnete, der zu einem Kranken unterwegs war, ließ Franz Joseph anhalten, stieg vom Wagen und wartete kniend, bis der Pfarrer vorbei war. Die Familie Waißnix beeilte sich indes, für die Sommerfrische der kaiserlichen Familie endlich eine standesgemäße Umgebung zu bieten und ließ „Auf der Wag", wo im Mittelalter ein kleiner befestigter Edelhof der Herrschaft Reichenau stand, ein repräsentatives Gebäude errichten, das später Rudolfsvilla genannt wurde.

Auch die Kinder Rudolf und Gisela sollten ihr eigenes Haus bekommen, vom Waldamt gezimmert und mit Baumrinde geschmückt, ein Jagdhäuschen, versteht sich. Die Einrichtung war allerliebst und waidgerecht: Das Bett mit frischem Tannenreisig bedeckt, darauf das Wettermäntelchen. Kleine Fußeisen hingen an der Wand, eine Tabakspfeife samt

Beutel, Schneereifen und ein Griesbeil. Kinderstühle und Tischchen gab es natürlich auch. „Yes", das kronprinzliche Hündchen englischer Provenienz, sollte sich hingegen über ein Hundehüttchen freuen. Es freute sich eher nicht, wie in zeitgenössischen Berichten nachzulesen ist. Dieses liebenswerte Geschenk wurde am dritten Geburtstag des Kronprinzen überreicht. Es war ein großes, buntes, bewegendes Fest für alle. Und war einer der Feiernden in seiner Wahrnehmung möglicherweise schon leicht getrübt, ließ sich die ganze Herrlichkeit ja tags darauf in der Zeitung nachlesen: „Es war wohl ein eigenthümliches und sicherlich erhebendes Bild, den erhabenen Monarchen im einfachen Kleide dicht neben dem zahlreich durchtobten Tanzboden und umgeben von einer hochentzückten, aber völlig ungenierten Menschenmasse lange Zeit freudigen Anteil an der Fröhlichkeit der Tanzenden nehmen zu sehen, ohne dass sich auch irgend eine Wache oder dergleichen bemerkbar machte."

Der Journalist ließ seinen bildungsbürgerlich geschärften Blick aber auch wohlwollend auf den herzerfrischenden Gebräuchen des einfachen Landvolks ruhen: „Es ist die Art des nationalen Tanzes im Gebirge, daß die Paare nicht unauflöslich verbunden, sondern daß der Tänzer alsbald seine Dirne in Freiheit läßt, diese dann lächelnd, mit niedergeschlagenen Augen in naiver Langweiligkeit sich um ihn fortbewegt, er aber vor ihren verschämten Blicken die wunderlichsten Arabesken rhythmisch ausführt, wie sie Jugend, Sehnsucht und Liebesdrang nur einem Aelpler eingeben können."

Dazu fällt mir ein schöner Satz aus dem Buch „Eine Originelle Bauernwelt" von Arthur Halberstadt ein, der es sich 1912 zur Aufgabe machte, das Volksleben im Semmeringgebiet der Nachwelt zu erhalten – natürlich aus der Sicht eines gebildeten Gastes. So schreibt er denn: „In düsteren, sonnenarmen Tälern sind auch die Bewohner zumeist ernst veranlagt, während die sonnenreichen Hänge in der Regel von Menschen mit heiterer Lebensauffassung besiedelt erscheinen. Dieser Optimismus zeigt sich bei unseren Höhenbauern bei jeder Gelegenheit. Hie und da geht derselbe auch in Sanguinismus über. Doch selten führt ihr leicht erregbares Wesen zu rohen Handlungen. Necken und streiten tun sie oft gerne – aber stechen beinahe nie!"

Stechen an des Kronprinzen Geburtstag? Davon konnte natürlich keine Rede sein, nicht einmal von übermäßigem Sanguinismus. Aber der Frohsinn war umfassend und herzlich. So konnte der Kaiser denn auch wohlgelaunt und fast ein wenig glücklich die Heimreise nach Laxenburg antreten.

Auch an den Sorgen ihrer noblen Gäste nahmen die Einheimischen Anteil und waren ganz verstört, als der Kaiser und seine Kinder eines Tages mit todtraurigen Gesichtern zur Frühmesse erschienen. Seine Frau Elisabeth, in den letzten Jahren rastlos reisend unterwegs gewesen, kam im Sommer 1862 nach Reichenau, fühlte sich aber zunehmend schwach und leidend. Der Süden sei eben nichts für sie, entschieden die Ärzte. Eine solide Kur in Kissingen werde hingegen jene robuste Gesundheit wiederherstellen, die ihrem jugendlichen Alter von 25 Jahren entsprach. Sisi, herzzerreißend leidend, musste am Bahnhof Payerbach in den Salonwagen getragen werden. Nach sechs Wochen kam sie jedoch frisch und gesund zurück und fand, merklich heiteren Gemütes, sogar wieder Gefallen daran, mit ihrem Mann weite Spaziergänge zu unternehmen.

Von 1867 an bekam dann der Kaiser in Reichenau recht häufig ein Familienmitglied zu Gesicht, mit dem er in Wien so gut wie nichts zu tun hatte. Sein jüngerer Bruder, der schon erwähnte Erzherzog Karl Ludwig, nistete sich vorerst im Reichenauer Schloss ein und ließ dann die Villa Wartholz errichten, weil er sich hier zur Gänze niederlassen wollte. Die Statthalterschaft von Tirol und Vorarlberg hatte er zurückgelegt, und an politischen Ämtern war er nicht mehr interessiert.

Als knapp zehn Jahre später das erste Kind seiner dritten Frau, Maria Annunziata Adelheid zur Welt kam und zwei Jahre danach Elisabeth, wurde natürlich gefeiert in Reichenau, nicht ganz so wild, wie zu des Kaisers Ehren, aber doch auch recht ordentlich. Stattliche 23 Jahre blieb Karl Ludwig seiner neuen Heimat treu.

Mit der habsburgischen Präsenz in der Villa Wartholz wurde Reichenau wieder zu einer häufig bespielten Bühne höfischen Lebens. Nach dem Tod Kaiser Franz Josephs mutierte Wartholz als Residenz des jungen Kaisers Karl zum Schloss.

In Wien mochte der Spätherbst des Hauses Habsburg und der Donaumonarchie schon lange spürbar gewesen sein, in Wien blieb dem alternden Kaiser wirklich nichts erspart, und seinem Thronfolger erst recht nicht. Im Tal von Reichenau ging es mit gnädigen Unschärfen allmählich, fast zögerlich zu Ende, kam sogar der große Krieg vorerst auf leisen Sohlen.

Das Ende war aber nicht minder bitter, und der Umgang mit den Erben des verwehten Kaiserreichs

Wohl begründeter Bürgerstolz: In der Kutsche der Kaiserliche Rat und Ehrenbürger von Reichenau, Alois Waißnix, neben ihm sein Sohn Karl Waißnix, dessen Freude an seiner Ehefrau Olga dank Schnitzler bekanntermaßen nicht ungetrübt war.

war nicht immer nobel. Doch als Otto Habsburg erstmals 1972 wieder nach Reichenau kam, war er noch immer hier zuhause, sehr gerne gesehen, und ein Ehrengast.

Damit komme ich zu einer außerordentlich bemerkenswerten bürgerlichen Dynastie hierzulande, der Familie Waißnix – und ein paar Jahrhunderte Tradition sind auch hier zu finden. Für den seltsamen Familiennamen gibt es nach eher abenteuerlichen Deutungsversuchen inzwischen eine überzeugende Erklärung: Ein früher Waißnix grub im Steirischen nach Zinkoxyd, volkstümlich auch Bleiweiß genannt, lateinisch Nihilum Album, also weißes Nichts.

Doch zurück zur Familiensaga. Da ist zum Beispiel jener Andre Waißnix zu nennen, der sich schon 1713 in der Verwaltung der Herrschaft Reichenau durch seine verblüffenden Kenntnisse im Lesen und Schreiben auszeichnete. So richtig in Fahrt kommt die Geschichte aber erst mit dem Ignaz. Er erbte eine Mühle und einen schönen Batzen Geld und heiratete überdies Anna Polleros, die den Thalhof in die Ehe einbrachte. Doch damit nicht genug: Als Fuhrwerksunternehmer gelang es ihm, die Konkurrenz auszustechen und die lukrativen Aufträge der Staatlichen Blaufarbenfabrik Schlöglmühl an Land zu ziehen. Auch für die Reichenauer Eisenwerke war er unterwegs, war in Geldgeschäften tätig und erfand so nebenbei landwirtschaftliche Maschinen: ein Mann auf dem besten Wege zum Mischkonzern. Nach ihm machten sich seine Söhne Johann Michael und Alois mit der Firma „Gebrüder Waißnix" um die Vermehrung des Familienvermögens verdient. Sogar das Revolutionsjahr 1848 nutzten sie zu ihren Gunsten. Da es nun möglich war, unbeschränkt Immobilien zu erwerben, bedienten sie sich reichlich. Bald gehörten auch Häuser in Neuberg, Leoben und Wien zum brüderlichen Imperium. Aber auch das sich ankündigende Zeitalter der Industrie ließ sie nicht ruhen. Vier Holzschleifwerke wurden gebaut, damit zusammenhängend eine Zellulosefabrik, Kalköfen und eine Sodawasserfabrik. Eine Waißnix'sche Gasanlage setzte überdies den Reichenauer Schlossplatz ins rechte Licht. Dann aber scheiterten die fast schon furchterregend tüchtigen und in der Umsetzung ihrer Vorhaben nicht eben zimperlichen Brüder ausgerechnet an einem sanftmütigen, ja als harmlos belächelten Mann. Erzherzog Karl Ludwig sah die Idylle seines Refugiums durch die geplante Stichbahn von Payerbach nach Hirschwang gefährdet und sagte, ohnehin schon mit dem penetranten Geruch der Zellulosefabrik in der Nase, sanft aber energisch: Nein.

Trotz dieser Kontroverse kam das Kaiserhaus nicht umhin, den umtriebigen Fleiß der beiden zu würdigen: Ab 1864 durften sie in ihrem Siegel den k.k. Adler führen, und ihre Betriebe waren von nun an „k.k. privilegiert". Gleichzeitig erkannten die weitblickenden Unternehmer, dass es in dieser Phase der Entwicklung kaum zu beurteilen war, ob die Industrie oder der Tourismus die Zukunft von Reichenau bestimmen würde. Sie setzten also auf ein weiteres Pferd, auf eines, das schon ihrem Vater wichtig gewesen war: den Thalhof. Schon Ignaz Waißnix hatte den Bauernhof mit erlaubtem Wein- und Bierausschank zu einem respektablen Gasthof mit Übernachtungsmöglichkeiten ausgebaut, der

Seit den Anfängen als einfaches Landwirtshaus baute die Familie Waißnix den Thalhof konsequent zu einer noblen Hotelanlage aus. Nach einer wirtschaftlichen Krise brachte Karl Waißnix das Haus Ende des 19. Jahrhunderts zu neuer Blüte.

bald zum Treffpunkt der Wiener Freizeitgesellschaft geworden war. Der schon vertraute F. C. Weidman schrieb 1846 in einem Gedicht im damals so beliebten schlichten Volksliedton:

„Bald habens' hint wos dranbaut, bald vorn,
Und auf amal is a Hof da gstanden, schön und groß
Wia im Thal koana schöner – grad wia a G'schloß!"

Den Söhnen von Ignaz Waißnix blieb es vorbehalten, Kaiser Franz Joseph als „Vorzeigegast" anzulocken und zu halten, als „Testimonial" in schnödem Neudeutsch. Als aber ab 1865 die kaiserlichen Stammgäste ausblieben, traten die Brüder entschlossen und investitionsfreudig die Flucht nach vorne an. Sie ließen das Rudolfsbad errichten, einen fast schon fürstlichen Gesundheitstempel, luxuriös und auf dem neuesten Stand der Zeit. Das „garantiert echte Prießnitz'sche Heilverfahren" (eine Kaltwasserkur) sorgte für die Belebung und Gesundung der Gäste, denen inzwischen im Thalhof und den beiden Dependancen 102 Fremdenzimmer zur Verfügung standen. Durch Porzellan-

Die Geschäfte liefen dermaßen gut, dass es den Brüdern angebracht erschien, endlich einmal zu zeigen, wer wirklich in Reichenau das Sagen hatte: Sie kauften kurzerhand das Schloss, die Kirche, die Gebäude ringsum und ein paar interessante Grundstücke dazu.

röhren rauschte Wasser aus Gebirgsquellen heran, auf der Hochalm „Lakerboden“ wurde täglich Molke aus Ziegenmilch zubereitet. Es war wahrhaftig eine Freude, hier zu genesen – und das sprach sich herum: Reichenau wurde international. Engländer kamen, Russen, Rumänen und Türken. Die Geschäfte liefen dermaßen gut, dass es den Brüdern angebracht erschien, endlich einmal zu zeigen, wer wirklich in Reichenau das Sagen hatte: Sie kauften kurzerhand das Schloss, die Kirche, die Gebäude ringsum und ein paar interessante Grundstücke dazu.

Doch schon im Jahr darauf wurde das vertraute Klingeln in den Kassen merklich leiser, weil die Industriebetriebe der Brüder nur noch wenig Anlass zur Freude boten. Außerdem hatte im Wettbewerb um die einträgliche Gunst der Reichen und zuweilen auch Schönen inzwischen der Semmering die Nase vorn. Das störte die familiäre Harmonie. Schließlich kam es zur Teilung des Vermögens. Alois behielt unter anderem den Thalhof, Johann Michael das Kurhaus, die Villen und das Schloss nebst Drumherum. Dessen Sohn, auch ein Michael, machte lieber Musik als Geschäfte, ließ das Kurhaus laufen, wie es lief, und verpachtete es dann. Alois hatte es mit seinem Sohn Karl besser getroffen. Dieser fügte dem Thalhof einen neuen Trakt und einen großzügigen Saal hinzu und baute seine eigene Wasserheilanstalt. Vor allem aber machte er die Wienerin Olga Schneider zur Olga Waißnix. Wir wissen: ein neuer Höhenflug des Thalhofs. Die Sache mit Arthur Schnitzler. Eine „heilige Angst vor Demütigungen“ zwang Olga dazu, sich mit „Brosamen“ zu begnügen, mit Küsschen, sehr selten mit Küssen. Als sie dann doch mehr begehrte, schrieb Schnitzler: „Ich wäre solcher Leidenschaft nicht fähig [...] Kennen Sie das Wort meschugge?“

Olga starb, kaum 37 Jahre alt, an Tuberkulose. Schnitzler notierte: „Meine Erschütterung war geringer, als ich hätte denken müssen.“

Im Thalhof wurde es allmählich stiller und daran änderte sich auch nichts, als Erzherzog Karl Franz Josef, der spätere Kaiser, öfter im Schloss Wartholz Quartier nahm.

Heute bringt Theater Leben in den Thalhof und natürlich wird auch Schnitzler gespielt. Das Rudolfsbad, von russischen Besatzern devastiert, wurde abgerissen.

Zaubertüren

Zauberberg ... ein junger Mann besucht seinen Vetter in der Lungenheilstätte. Drei Wochen will er bleiben, sieben Jahre bleibt er gefangen in einer magischen Welt schönen oder auch nur bizarren Sterbens. Krankheit, glaubt er zu erkennen, veredelt durchgeistigte Menschen.

Wie viel Thomas Mann hat der Semmering?

Als die dramatisierte Fassung des Romans im Südbahnhotel zur Aufführung kam, waren das dunkle Märchen des Dichters und die brüchige Pracht des Hauses einander sehr nahe. Geziert zelebrierte Hinfälligkeit, das unvermutete Aufleuchten erloschen geglaubter Farben, gespielte Wirklichkeit und gelebtes Theater: Das alles passte sehr gut auf den Semmering.

Thomas Mann war hier und er hat das große, stilvolle Kurhaus und die Landschaft ringsum wohl auch mit jener Heilanstalt in Beziehung gesetzt, die er im Roman beschrieb. Mit um Luft ringenden, Blut hustenden, gefährlich ansteckenden Patienten wollte man im Kurhaus Semmering allerdings nie etwas zu tun haben. Für solche bedauernswerten Fälle gab es ja ohnehin das Sanatorium Wienerwald oder jenes am Hochegg. Lebensbedrohliche Krankheit und ihre erschreckenden Symptome passten nun einmal nicht zu eleganter Leichtigkeit. Da war man noch eher gewillt, einen virtuos Leidenden wie Peter Altenberg zu akzeptieren, einen geübten Grenzgänger zwischen Natur und Scheinwelt: Nervenkrisen, Kreislaufstörungen, Hypochondrie, Depressionen, Sauferei und schwere Schlafmittel waren Alltag für ihn. Doch sogar Altenberg brachte das Gröbste erst einmal anderswo hinter sich, bevor er auf dem Semmering zur einigermaßen lustvollen Nachkur schritt.

Es kommt ja auch vermutlich nicht von ungefähr, dass es am Semmering bis heute keinen Friedhof gibt.

Es kommt ja auch vermutlich nicht von ungefähr, dass es am Semmering bis heute keinen Friedhof gibt. Seit altersher sind die Bestattungen zwischen Maria Schutz, Schottwien und Klamm aufgeteilt.

Wie sorgsam, ja ängstlich man in der aufstrebenden Fremdenverkehrsgemeinde auf einen keimfreien Ruf bedacht war, zeigt der Streit um das löbliche Vorhaben eines Philanthropen. Paul Kupelwieser, Sohn des bekannten Landschaftsmalers, arbeitete erfolgreich in der Eisen- und Stahlindustrie. Dann kaufte er die Brioni-Inseln vor der Küste von Istrien und schuf dort ein beliebtes, prominent besuchtes Ferienparadies. Reich geworden, erwarb er auf dem Kreuzberg bei Breitenstein Grundstücke, um dort ein Heim für leicht tuberkulöse Kinder zu errichten. Die Semmeringer Hoteliers reagierten in seltener Eintracht empört und inszenierten einen Medien-Krieg der Wiener Presse. Derartige sozialistische Umtriebe gefährdeten wirtschaftliche Interessen und die Gesundheit der Bauernwelt, wurde Kupelwieser mitgeteilt. Er möge sein Tuberkuloseheim dort errichten, wo es am Platz sei – in Brioni, zum Beispiel. Andererseits hielt eine Gruppe von Ärzten mit der Streitschrift „Die Herren Semmeringinteressenten" fachlich fundiert dagegen. Das Heim wurde dennoch verhindert. Kupelwieser übergab verbittert das Grundstück der Gemeinde Wien als Stiftung – mit der Auflage, dass dort ein Kinderheim zu errichten sei. Das geschah immerhin. Heute werden dort Behinderte betreut.

Jedenfalls war die Beziehung zwischen dem bäuerlichen Breitenstein und dem noblen Semmering wieder einmal gestört. Bis 1919 bildeten die zwei Ortschaften eine Gemeinde. Franz von Neumann, der Semmering-Chefideologe, warf den Breitensteinern vor, keinen Sinn für „dieses Emporium genussreicher Alpenherrlichkeit" zu haben. Viktor Silberer, der damals amtierende „Semmeringkönig", trat in einer rhetorisch brillanten und recht untergriffigen Rede für eine Trennung ein – und so geschah es dann auch. Die Wiener Oberschicht war oben auf dem Semmering unter sich.

Weitaus weniger energisch ging man mit dem Kuriosum um, dass Semmering zwar inzwischen prächtige Villen, bombastische Hotels, aber keine Kirche hatte. Es ist schon erstaunlich, wie wenig dabei herauskommen kann, wenn sich sehr reiche Leute zum gemeinsamen Werk verbünden. 1894 regte Melanie Gräfin Zichy einen Errichtungsverein an, und kein Geringerer als Fürst Johann II. von und zu Liechtenstein übernahm die Patronanz. Es wurde gebaut, aber nur provisorisch fertig gestellt. Peter Rosegger merkte an: „Endlich auch eine Kirche, für die aber das Geld nicht ganz gelangt hat. Ihr mit rohen Brettern verschlagener Dachgiebel schreit ganz erbärmlich nach einem Turm. So viele Semmeringhäuser haben Türme ohne Glocken, aber die Kirche hat für ihre Glocken keinen Turm." 1908, zum Regierungsjubiläum Kaiser Franz Josephs, rafften sich die Gönner noch einmal auf, und das Kirchlein bekam einen Dachreiter als Türmchen, einen steinernen Giebel, und sogar glasierte Dachziegel waren finanzierbar.

Gläubige, die Größeres im Sinn hatten, konnten sich ja in den von Passionisten betreuten Wallfahrtsort Maria Schutz begeben, wo bis heute (hinter dem Hochaltar) sogar eine wundersame Quelle sprudelt. Es geht aber auch ganz bescheiden – und dennoch innig: Auf dem Gotschakogel oberhalb des Bahn-

Fürst Liechtenstein stiftete eine kleine Parzelle, Georg von Neumann entwarf den Plan für eine kleine Kirche und für den ohnedies kleinen Glockenturm reichte es vorerst nicht. Daneben: 300 Laufmeter Panhans-Fassade.

1881 wurde der kleine Holzbau auf dem Gotschakogel in der Gemeinde Gloggnitz fertiggestellt, nachdem sich in ferner Vergangenheit ein Marienbildnis der Legende nach dreimal geweigert hatte, ins Tal gebracht zu werden.

hofs Eichberg steht das aus Holz gezimmerte „Maria Taferl“, der kleinste Wallfahrtsort weit und breit. Aber der kleine Glockenturm ist größer als jener der Kirche am Semmering.

Eine unfromme Adresse zuletzt: der älteste Golfplatz Österreichs und auch einer der schönsten. Dem entsprechend exklusiv sind die Klientel und ihr Fuhrpark. Ein paar Schritte weiter steht man im rückwärtigen Bereich der Meierei vor einer Wand, die von Schusslöchern übersät ist. Hier verlief die Frontlinie zwischen deutschen und russischen Soldaten ...

Noch einmal geht's um den Krieg und seine Folgen. Diesmal im Tal, in Payerbach. Wer an der Adresse Mühlhof 4 durch das schöne Portal des Gartenzaunes späht, sieht neben einem Gartenhaus eine Gruppe Birken. Dort stand bis 1952 eine im Stil der englischen Tudor-Gotik errichtete Villa. Ein deutsch-amerikanischer Publizist hatte den Bau der Semmeringbahn medial begleitet, damit gut verdient – und er gönnte sich eine respektable Residenz, die Villa Warrens. Nach dessen Tod zog ein amerikanischer General ein, und ihm folgte 1873, im Jahr der Weltausstellung, Kaiserin Elisabeth. Zeit, die Augen zu schließen und ein wenig zu träumen: Die Villa, ein Schlösschen eigentlich, der große, romantische Park mit Einsiedlerhütten, Grotten und Lauben. Die Kaiserin erscheint im weißen Morgenneglígé, das prachtvolle Haar aufgelöst in den Nacken fallend, zu ihren Füßen der Lieblingshund, ein großer schwarzer Neufundländer. Die Promenade, ein Dejeuner. Vielleicht springt kindlich behenden Fußes die kleine Erzherzogin Maria Valerie herbei, oder die Vorleserin kommt ... Ausgeträumt. Das Schlösschen war im Zweiten Weltkrieg zwar beschädigt worden, doch es gab keinen Grund, es abzureißen. Leichtsinn? Dummheit? Gleichgültigkeit? Wer weiß das schon.

Hinter der nächsten Zaubertür ist es dunkel. Sie öffnet sich am Friedhof von Payerbach. Auf einem der Grabmäler steht zu lesen:

„HIER RUHT RITTMEISTER
FREIHERR VON VETSERA
k.k. HUSAREN 1. ESK. REG. 9
GEBOREN 29. XI. 1872
GEFALLEN 22. X. 1915 BEI KUKLI.
HELENE FREIFRAU VON VETSERA
1847–1925"

Die Tragödie der Tochter, Mary Vetsera, ist weltbekannt. Die Tragödie ihrer Mutter stieß auf verhaltenes Interesse. Noch vor Marys Freitod war einer ihrer Söhne, Lazi, im Feuer des Ringtheaterbrandes ums Leben gekommen, den zweiten verlor sie im Ersten Weltkrieg im Dienste Habsburgs. In Payerbach ließ sie eine Villa errichten, einen stattlichen Adelssitz, viel zu groß für ihr einsames Leben. Aber die Baronin tat viel für ihre Mitbürger, versorgte die

Kaum anderswo in Österreich wird auf einem Golfplatz so nobel und landschaftlich reizvoll eingelocht. Die Löcher an der Rückseite der Meierei sind allerdings Schusslöcher und erzählen von den letzten Tagen des Zweiten Weltkrieges.

Im Riegelhof über den Dächern von Prein ist die gute alte Zeit der Sommerfrische noch heute wie neu. Und Heimito von Doderer ist nie wirklich fortgegangen.

Schule mit Lehrmitteln und beschenkte arme Kinder. Während des Ersten Weltkrieges wohnten die drei Töchter ihres gefallenen Sohnes Franz im Haus. Dann wurde es still, sehr still um sie und die Inflation trug auch noch ihr Vermögen fort. Sie war gezwungen, ihr Haus zu verkaufen. Am 4. Februar 1925 wurde Baronin Vetsera unter großer Anteilnahme zu Grabe getragen. Die Villa war indes zur Pension geworden. 1935 erwarb die israelitische Kultusgemeinde das Anwesen und verkaufte es an eine

Wohltätigkeitsstiftung. Dann folgte die Arisierung. Schwere Schäden im Krieg, Rückgabe an die Kultusgemeinde, fortschreitender Verfall. Heute wachsen Bäume durch das Dach der Villa Vetsera, Mühlhof drei.

Zur nächsten Tür sind's für mich nur ein paar Schritte. Ich nehme ein Buch zur Hand, einen guten Freund, der auch nach vielen Jahren immer noch viele neue Seiten für mich hat, verlasse meine Wohnhöhle in der Wiener Porzellangasse und schlendere zur nahen Strudlhofstiege. Ein kurzer Gedanke an den kaiserlichen Hof- und Kammermaler Peter Strudl und ein längerer an Heimito von Doderer und seinen wunderlich verschlungenen und doch so präzisen Roman, der eine steinerne Treppe weltberühmt machte. Die meisten Schauplätze sind in Wien zu finden, aber auch die Gegend am Fuß der Rax leuchtet zwischendurch auf, Reichenau, Prein – und das heute noch bestehende Gasthaus „Zum oberen Eggl". Darüber steht nachzulesen: „Hier aber roch es in der weiträumigen, sauberen Küche nach gutem Essen, das Bier war frisch wie die Salzstangerln, der Wein bewies den Wirtsverstand, der Kaffee duftete morgens und nachmittags human durchs Haus und insbesondere die große Glasveranda."

Doderer ist Prein nicht nur literarisch nahe gekommen. Hoch über den Dächern der kleinen Sommerfrische steht ernst und behaglich der Riegelhof.

Hier hat der Dichter schon als Kind viele Sommer verbracht und später in seinem schlicht möblierten Arbeitszimmer geschrieben, ins Land geschaut und der Stille zugehört.

Weil Gegensätze nie groß genug sein können, öffnet sich nun eine Tür in die industrielle Vergangenheit des Schwarzatals. Bis heute ist Schlöglmühl eine eigene Welt im Land rings um den Semmering und der Name steht für eine Geschichte, die ihren Anfang im 16. Jahrhundert nimmt. Damals beschloss ein Herr Schlegel oder Schlögel wie schon andere Müller zuvor, die Wasserkraft zu nutzen: Er baute eine Mühle nebst Gasthaus. An die zwei Jahrhunderte später griff der Staat zu, kaufte die Mühlen und die Grundstücke ringsum. Eine Blaufarbenfabrik wurde gebaut. Kobaltblau fand unter anderem für das Bleichen von Papier und in der Porzellanmalerei Verwendung – und seine Herstellung vergiftete das Land ringsum. Beim Rösten der Erze wurden Arsendämpfe frei. Die Bienen gingen zu Grunde, die Obstbäume starben ab. Die gefährdete Gesundheit der Arbeiter war kein großes Thema. Gut drei Jahrzehnte ließen die Gewinne all das Gift vergessen, doch dann ging es bergab. Auch eine zweite Fabrik, die Spiegel herstellte, war erfolglos. 1840 ließ Kaiser Ferdinand I. die beiden Werke kurzerhand auf. Als dann die Eisenbahn die alten Hallen wieder attraktiv machte, war es Zeit für einen Neu-

In Schlöglmühl hat die Industrie Tradition und sogar ein wenig Zukunft. Das kleine Gotteshaus, dem hl. Johannes Nepomuk geweiht, entstand 1863 als Werkskirche. Gesims und Fenster nehmen auf Fabriksbauten Bezug.

Die Gruftkapelle der Familie Ehrbar im Bergfriedhof von Gloggnitz verbindet Klaviere, Liebschaften und ein altes Bergwerk. Wie lange noch? Man munkelt von einem Abbruchbescheid …

beginn. Seit dem Revolutionsjahr 1848 war der Papierverbrauch enorm angestiegen: Es gab Pressefreiheit, aber auch die k.k. Ämter und die Staatsdruckerei wurden zu potenten Abnehmern. Es entstand also unter Mitwirkung von Ingenieuren, die sich schon beim Bahnbau verdient gemacht hatten, eine moderne, leistungsfähige Papierfabrik, deren Direktor nicht irgendjemand war: Alois Auer Ritter von Welsbach. Schlöglmühl war geradezu zwingend erfolgreich, es wurde investiert, erneuert, verbessert. Doch mit dem Ersten Weltkrieg fielen bedeutende Märkte weg. Der nächste Krieg brachte neue Probleme, auch Stilllegung zwischendurch. Einem kleinen Aufschwung in den 60er Jahren folgte stete Stagnation. 1982 musste das Unternehmen schließen. Nach und nach drohten die Fabriksgebäude zu verfallen. Doch 1996 übernahmen Unternehmer aus Payerbach und Gloggnitz das Gelände. Sie gründeten nicht nur einen erfolgreichen Gewerbepark, sondern retteten auch historische Bausubstanz. So gibt es heute im Land der Sommerfrische ein Industriedenkmal zu bestaunen, das weiterleben darf.

Zu guter Letzt fällt der Blick auf Friedrich Ehrbar, geboren 1827 im deutschen Hildesheim, gestorben 1905 in Gloggnitz. In Wien wirkte er als k.k. Hof- und Kammer-Klavierfabrikant, ein Konkurrent Ludwig Bösendorfers mithin, und zwar ein durchaus beachtlicher. Beide Unternehmer versuchten prominente

Komponisten an sich zu binden. So ging Brahms für Ehrbar ins Rennen, Bruckner für Bösendorfer. Auch Gustav Mahler spielte werbewirksam auf Ehrbar-Klavieren. Dieses Naheverhältnis führte auch zu häufigen Besuchen des Künstlers in der Villa des Fabrikanten in Hart bei Gloggnitz. Dort fand Mahler an der Tochter des Hauses, Mathilde, Gefallen. Damals hieß die spätere Alma Mahler noch Schindler und war mit Alexander Zemlinsky zugange. Mahler durfte also unbeschwert seine Beziehung zu Mathilde vertiefen. Die Fama will wissen, dass dieser Zuwendung ein Sohn entstammte, der spätere Dr. Johannes Gall, Jurist und Musiker.

Gustav Mahler indes fand und bekam seine Alma, musste sie aber recht bald mit anderen teilen. Als Mahler gestorben war, verwendete Alma die Tantiemen für den Bau einer Villa auf dem Kreuzberg. Die ebenso kurze wie hitzige Begegnung mit Oskar Kokoschka legte es nahe, sich von ihm ein Fresko über dem großen Kamin zu wünschen. Der Künstler schuf eine Alma, die gespensterhaft hell gen Himmel wies, während er sich in der Hölle zu ihren Füßen von Tod und Schlangen umwuchert sah. Niemand weiß, wo sich das Fresko heute befindet – außer dem natürlich, der es mit welchem Recht oder Unrecht auch immer sein Eigen nennt. Für den nächsten Ehemann, Walter Gropius, ließ Alma den Dachboden zum Atelier ausbauen. Auch Franz Werfel, von dem sie schrieb, er sei „ein o-beiniger, fetter Jude mit

Dr. Johannes Gall ist in New York gestorben. Sein Namensschild weist ihn aber als spirituellen Untermieter im Familiengrab aus, als einen weit Entfernten, dem Nähe zusteht.

wülstigen Lippen und schwimmenden Schlitzaugen", und dessen Frau sie dennoch wurde, arbeitete gerne in der Villa, obwohl er es auf gestrenge Anordnung Almas hin tat und sich nach wie vor mit der Präsenz der Herren Gropius und Kokoschka abfinden musste. Kompliziert das alles.

Doch zurück zur Familie Ehrbar und zum vermuteten Fehltritt des jungen Gustav Mahler. Zwar ist Herr Dr. Gall in New York gestorben, doch auch seiner Heimat irgendwie treu geblieben. Um das zu illustrieren, führt der Weg nach Gloggnitz. Das Städtchen hat zwei Friedhöfe, beide weit oben im Wald versteckt. Im Bergfriedhof steht die Gruftkapelle der Familie Ehrbar, und an der Tür weist ein bescheidenes Schildchen auf Dr. Gall hin, auf seine symbolische Präsenz, posthum. Die an sich große und prunkvoll gestaltete Kapelle ist in beklagenswertem Zustand: Dachschindeln fehlen und das Gebäude steht beängstigend schief. Das schadhafte Dach ist damit zu erklären, dass es in Österreich keine Nachfahren der Familie Ehrbar mehr gibt. Die Schieflage hat ihre Ursache tieferwärts: im Stollen eines stillgelegten Bergwerkes.

Nicht weit von da, in Enzenreith, erzählte noch 2011 ein liebevoll gestaltetes Bergwerksmuseum von der montanen Vergangenheit dieser Gegend. In einem kleinen Nebenraum fand sich aber auch ein Klavier der Marke Ehrbar.

Es gehört offenbar zum Wesen dieser Landschaft, dass hier zusammenkommt, was nicht zusammengehört, aber dann doch, oder sogar sehr.

Viele haben dazu beigetragen, dass dieses Buch entstehen konnte. Ich sage allen ein herzliches Dankeschön. Einige von ihnen möchte ich persönlich nennen.

Veronika Bösinger hat erste Türen für mich geöffnet. Über das Loos-Haus und Hanna Sehn führte der Weg nach Payerbach zu Norbert Toplitsch und weiter auf den Semmering zu Hans Payr. Nicht zu vergessen Dr. Elisabeth Schmid und Hans Stix, die mir Zeit für lange Gespräche geschenkt haben.